Lorna Todd

Geistige Helfer

Lorna Todd

Geistige Helfer

Mit Meistern und Lichtwesen die eigene Heilgabe aktivieren

MYSTERIUM DES ÜBERSINNLICHEN
Band Nr. 5

Bibliografische Informationen der Deutschen Bibliothek
Die Deutsche Bibliothek verzeichnet diese Publikation in der Deutschen National-
bibliografie; detaillierte bibliografische Daten sind im Internet über **http://dnb.ddb.de**
abrufbar.

Lorna Todd
Geistige Helfer
Mit Meistern und Lichtwesen die eigene Heilgabe aktivieren
1. Auflage 2003
© deutschsprachige Ausgabe
GRASMÜCK VERLAG
63674 Altenstadt
www.grasmück-verlag.de
Titel der engl. Originalausgabe:
HEALERS JOURNEY INTO LIGHT, 2002
© Lorna Todd und Kima Global publishers, 7701 Cape Town, South Africa

Übersetzung: Vicky Gabriel
Lektorat: J. und K. Grasmück
Titelbild: Pamela Matthews
Umschlaggestaltung und Layout: Maria Anna Schmitt
Satz und Litho: XPresentation, Boppard
Druck: FINIDR, s.r.o., Czech Republik

ISBN 3-931723-22-4

Inhalt

Einleitung

Obwohl ich mich recht gut auszudrücken verstehe, ist mir nie der Gedanke gekommen, es mit dem Schreiben zu versuchen – bis ich während meiner Meditationen sehr starken Bildern und Symbolen zu begegnen begann. So sah ich zum Beispiel weit geöffnete Bücher voll unbeschriebener Seiten, die darauf warteten, von mir mit einem altmodischen Federkiel und Tinte aus einem Fässchen beschriftet zu werden. Man zeigte mir auch Bilder meiner selbst, wie ich als Schulmädchen an einem kleinen, zerkratzten Schultisch sitze und an meinem Stift kaue. Langsam drang es zu mir durch, dass die Weiße Bruderschaft wünschte, dass ich ein Buch schreibe. Dennoch ignorierte ich diese Eindrücke lange Zeit, denn da ich viele andere zeitaufwändige Verpflichtungen hatte, wollte ich diese zusätzliche nicht auf mich nehmen. Doch die Bilder wurden immer stärker und beharrlicher; schließlich durchwirkten sie sogar meine Träume.

Offensichtlich wollte die Bruderschaft, dass ich die Geschichte meines Lebens auf dem Pfad der Heilung niederschrieb. Ich sollte von meinen vielen Erfahrungen in dieser und der nächsten Welt berichten und auch frühere, auf anderen Kontinenten verbrachte Leben mit einbringen. Die genauen Worte, die ich erhielt, lauteten:

„Jene Meister, die augenblicklich über die Menschheit wachen, sind besorgt, da viele Sucher auf dem Weg ihr drittes Auge und ihr Kronenzentrum öffnen, bevor das Herzzentrum vollständig erweckt worden ist. Das kann Schaden verursachen und den Fortschritt dieser Menschen auf ihrer spirituellen Entwicklungsreise behindern."

Während ich über die Auswirkungen meiner Meditationen nachdachte, erinnerte ich mich der Worte einer weisen Frau, die mir vor beinahe dreißig Jahren einst den Weg gewiesen hatte. Sie hatte ein Vision, in der sie mich von viel Papier umgeben sah. Dann sagte sie, ich würde an einer seltsamen Maschine arbeiten, die ein wenig wie eine

Schreibmaschine aussehe. Heute, dreißig Jahre später, bin ich sicher, dass sie meinen Computer beschrieben hat.

Wir bewegen uns sehr rasch in ein neues, nach dem Wassermann benanntes Zeitalter hinein. Während dieser etwa 2000 Jahre umfassenden Zeitperiode wird sich das Niveau unseres Bewusstseins anheben, und wir werden auf einer höheren Schwingungsebene leben. Dieser von manchen Menschen als „Aufstieg" bezeichnete Vorgang wird der Menschheit viele Vorteile bringen: Wir werden in positiver und liebevoller Weise existieren. Die Einheit mit allen Geschöpfen auf Mutter Erde wird unsere ganz normale Ausdrucksform darstellen. Dann ist das goldene Zeitalter der Menschheit angebrochen.

Schließlich gab ich nach – in Erinnerung an die Worte: „Nicht mein Wille geschehe, sondern der deine."

Ich bin mir der Tatsache bewusst, dass ich während der Vorbereitungen zu diesem Buch geleitet und geführt wurde. Sie werden vielleicht einige meiner Ansichten und Überzeugungen nicht teilen. Meine Wahrheit mag unter Umständen nicht die Ihre sein – es gibt viele Wege zurück zu Gott. Ich bitte Sie nur darum, meine Worte mit offenem Geist zu lesen.

Wenn ich Ihnen am Ende des Buchs dabei habe helfen können, Ihr Herzzentrum zu erweitern und in Liebe die Einheit mit all Ihren Mitgeschöpfen zu erleben, dann habe ich die mir von den Herren des Lichts übertragene Aufgabe erfüllt.

Ein junger Funke

„Mama", bat ich inständig, „darf Mary zum Tee kommen?" Meine arme Mutter seufzte „Ja, mein Liebling", und legte ein weiteres Gedeck für meine unsichtbare Freundin auf, die nur ich wahrnehmen konnte. Als Einzelkind hatte ich zu Beginn meiner erneuten Inkarnation sichergestellt, dass ich niemals einsam sein würde. Zu diesem Zweck hatte ich aus dem Land des Geistes Kinder mitgebracht, die immer bei mir waren, wenn ich Kameraden brauchte. Mary war ein hübsches kleines Mädchen mit blonden Löckchen. „Warum nur kann ich sie so deutlich sehen, wo dies doch niemand anderem möglich ist?", fragte ich mich oft.

Es wird berichtet, dass Gott den Menschen erschuf, indem er kleine Funken seiner selbst ausatmete, welche dann die große Reise durch die Ebenen des Bewusstseins begannen, um schließlich in unserer heutigen menschlichen Form auf unserer Erde anzukommen. Seit diesen fernen Tagen ist der Mensch weit gereist und hat nun – nach vielen, vielen Leben – den dichtesten Punkt seiner irdischen Erfahrungen erreicht. Oder, anders ausgedrückt: Von nun an können wir nicht noch weiter in die physische Materie hinabsteigen, sondern beginnen unsere Pilgerreise auf dem Pfad zurück zur Göttlichkeit.

Das spirituelle Gesetz „wie oben, so unten" durchzieht das gesamte Leben des Menschen von seiner Geburt bis zu seinem Tod. Seine irdischen Erfahrungen spiegeln sich auf allen anderen Existenzebenen wider. Wenn der Mensch als Säugling ankommt, hat er noch viel zu lernen. Er wächst ins Menschsein hinein und erreicht schließlich nach vielen guten wie auch schlechten Momenten, die alle das Wachstum seiner Seele geformt haben, das Alter. Es heißt, wir seien „werdende Götter", und unser Schicksal bestehe darin, zum Bild unseres Schöpfers zu werden – ein Geschöpf aus reiner Liebe, welche das Licht des Christus ist. Die Botschaft ist in der Tat so einfach und zugleich so unendlich schwierig: reine Liebe. Wenn wir diese

Lektion einmal verstanden haben, brauchen wir die Reise um das Rad der Wiedergeburt nicht mehr anzutreten.

Ich erzähle meine Geschichte in diesem Buch in dem Bestreben, allen Menschen zu helfen, die diesen Weg gemeinsam mit mir gehen. Für mich ähnelt dieser Pfad der Jakobsleiter. Vor mir befinden sich viele Menschen, die viel weiter fortgeschritten sind als ich und mir ihre Hände reichen, um mir weiterzuhelfen. Und so reiche auch ich wiederum meine Hand jenen, welche die Leiter hinter mir ersteigen. Ich hoffe, dass Sie an meiner Geschichte Vergnügen finden und erkennen werden, welch wundervolles Erbe die gesamte Menschheit erwartet. Die Meditationen am Ende jedes Kapitels wurden mit dem Ziel der sanften Öffnung des Herzzentrums gestaltet.

Wenn ich an meine Kindheit zurückdenke, kann ich mich an keine Zeit erinnern, in der ich nicht an ein Leben nach dem Tod oder an die Reinkarnation glaubte. Ich hatte das große Glück, in eine Familie hineingeboren zu werden, der viele spirituelle Menschen angehörten; zwar war meine Mutter Mitglied in der Kirche von England, doch meine Tante, mein Onkel und meine Großmutter waren sehr spirituell. Ich bekam nie zu hören, dass meine Phantasie zu lebhaft sei oder ich die Dinge, von denen ich erzählte, nur erfinden würde. Ich kam am 3. August 1938 in dem kleinen Dorf Kingston Buci an der Südküste Englands zur Welt; entsprechend fiel ein großer Teil meiner Kindheit in die Zeit des Krieges. Als ich ein Jahr alt war, marschierte mein Vater zu den Schlachtfeldern in Frankreich, und als er etwa sieben Jahre später zurückkam, war er für mich nur ein fremder Mann mit einem Seesack.

Meine Mutter und meine Großmutter erzogen mich während des Krieges teilweise in Sussex, meist lebten wir jedoch auf der Farm meines Onkels Tom in Ashill in Norfolk. In dieser idyllischen Umgebung melkte ich Kühe, sammelte Eier ein und wanderte frei in den Weiden und Wiesen herum. Begriffe wie „Legebatterie" und „industrielle Agrarwirtschaft" kannte man damals noch nicht. Die Zeit strich langsam dahin, und Perioden des Pflügens und des Erntens wechselten einander ab. Einmal pro Woche, am Mittwoch, fuhr ein kleiner Doppeldeckerbus in die Stadt Norwich. Dann bummelten meine Tante Ethel, meine Mutter und ich die Straße zur Bushaltestelle hinunter, nur um den Bus gerade noch um die Ecke verschwinden zu sehen. „Das macht nichts", sagte meine Tante dann, „wir werden ihn nächste Woche schon erwischen".

Sussex war eines der Kampfgebiete in der Schlacht um Britannien. Wie die meisten Kinder kannte ich nur wenig Furcht und genoss das „aufregende" Leben in Luftschutzräumen. Wie vergnüglich Schulstunden doch waren, wenn sie in einem staubigen, aus Ziegelsteinen gebauten Schutzraum mit Blechdach abgehalten wurden! So einen hatten wir sogar zu Hause. Er befand sich im Wohnzimmer meiner Mutter und war mit Kissen und Vorhängen bedeckt. Eine hier niedergehende Bombe hätte uns bei lebendigem Leib geröstet. Doch das Schicksal hielt noch weitere Aufgaben für mich bereit, und so flogen die Bomber sicher über uns hinweg.

Ich blieb kein Einzelkind. Meine Mutter brachte viel zu früh zwei Mädchen zur Welt – mich selbst und meine Schwester Marilyn Joy. Wir wurden in einem kleinen Häuschen geboren, das neben einer Kirche direkt auf einer Ley-Linie stand. Später fanden wir heraus, dass sich das Bett meiner Mutter direkt über einem nicht mehr benutzten Brunnen befand. Diese uralten Energien, die mich während meiner Geburt durchflossen, sollten mich mein Leben lang mit spirituellen Mächten und Engeln verbinden und mir ermöglichen, diese Wesen des Lichts und der Liebe zu sehen und mit ihnen zu arbeiten.

Ich überlebte die schwierige Feuerprobe des Übergangs in diese Welt, doch meine Schwester gab den Kampf auf und kehrte nach nur zwei Tagen zum Geist zurück. Später sagte mir ein Medium, Marilyn habe noch im Mutterleib ihr zukünftiges Leben gesehen und entschieden, dass sie sich den ihr bestimmten Lektionen nicht stellen könne – sie war nicht stark genug. Ich jedoch hatte das vor mir liegende Leben betrachtet und beschlossen, zu bleiben und mein Karma abzuarbeiten. Noch viele Jahre lang spürte ich Marilyns Anwesenheit, bis ihre Nähe mich plötzlich verließ. Ich erkannte, dass sie wieder inkarniert war – dieses Mal mit dem Willen, ihr Schicksal zu erfüllen. Man hat mir gesagt, wo sie sich befindet, damit ich sie im Auge behalten kann, ohne zu stören oder in ihren freien Willen einzugreifen.

Aufgrund meiner schweren und schmerzhaften Geburt konnte meine Mutter keine weiteren Kinder mehr haben, und ich selbst war während der nächsten Jahre sehr krank. Nach der Geburt hielten mich meine Großmutter und meine Tante Sheila am Leben, indem sie mich in Baumwolle wickelten und mit einem Füllfederhalter fütterten. Auch wenn sich mein Eintritt in das Reich des Bewusstseins gewaltig und Ehrfurcht gebietend vollzog, war er dennoch von Liebe gesegnet. Ich war oft sehr krank; bis ins Alter von etwa sieben Jahren forderten Lungenentzündung, Scharlach, Masern und Windpocken ihren Zoll. Mehrere Male sah ich dem Tod ins Angesicht, aber mit der Hilfe eines prächtigen Mannes namens Doktor Dobbin und meiner hingebungsvollen Familie stand ich es durch.

Mittlerweile haben viele Menschen von ihren Begegnungen mit dem Lichttunnel während einer „Nahtod-Erfahrung" berichtet. Dieses Ereignis war mir wohl bekannt und ereignete sich bei mir nicht etwa „nahe des Todes", sondern fast jede Nacht beim Einschlafen. Ich kann noch immer das kreisende Rad aus Licht sehen – ein Lichterglanz sich vermischender Farben, in dem sich alle Schattierungen des Regenbogens vereinten. Während ich durch den Tunnel schritt, veränderten sich diese Farben zu einem reinen weißen Licht – dem Licht und der Liebe des Christus. Meine nächtliche Reise brachte mich an einen Ort mit grünen Feldern, Vögeln, Tieren und Sonnenlicht. Dort spielte ich mit anderen Kindern des Geistes, bis es Zeit zum Aufwachen war und ich mich einmal mehr in meinem eigenen Bett und in der mir bekannten Umgebung wiederfand. Wie ich bereits erwähnte, war ich mir dieser Freunde auch während meiner wachen Stunden bewusst und dachte, jeder könne sie sehen. Ich war sehr verwirrt, als ich erkannte, dass sie für andere Menschen unsichtbar blieben.

Als ich etwa zwei Jahre alt war, beschloss meine Mutter umzuziehen, und wir lebten von nun an im Nachbardorf Southwick. Das Haus war Teil eines Reihenhauses. Nachdem ich in die Schule gekommen war, wurde die Wohnung neben uns frei. Nach kurzer Zeit zog ein Paar mit einem Mädchen ein, das ein paar Jahre älter war als ich selbst. Ihr Name war Cleo, und wir wurden schnell Freundinnen. Sie hatte einen klugen Verstand, der jedoch unglücklicherweise in einem sehr zerbrechlichen Körper wohnte. Sie litt unter furchtbaren Asthma-Anfällen, die sie regelmäßig atemlos zurückließen. Mit der Zeit wurden die Asthma-Attacken häufiger und ihr Herz schwächer. Mit zwölf Jahren gab ihr Körper den Kampf ums Leben auf, und sie starb. Meine Mutter kam zur Schule und überbrachte mir die schlechte Nachricht.

Als ich in dieser Nacht kurz vor dem Einschlafen war, wurde ich der Gestalt Cleos gewahr, die neben meinem Bett stand. Ich war nicht überrascht, als sie mich auf meiner Reise durch den Tunnel in die Sphären des Lichts begleitete. Sie war so glücklich, keine Schmerzen und kein Leid mehr ertragen zu müssen. „Sieh nur“, sagte sie, „ich kann endlich atmen!“ Ihr ganzer spiritueller Körper glühte vor Schönheit.

Wenn nur ihre Eltern die Freude des Kindes hätten sehen können – ihr Kummer wäre um so vieles geringer gewesen.

Ich möchte aber nicht, dass es so aussieht, als hätte ich meine gesamte Kindheit mit dem Kopf in den Wolken verbracht. Meist war ich ein richtiger Wildfang und stand mit beiden Beinen fest auf der Erde. Für mich war kein Baum zu hoch und kein Abenteuer zu gefährlich. Autos und Rollschuhe zog ich Puppen und Bettchen bei weitem vor. Nach dem Krieg gab es nur noch sehr wenige Gefahren für unsere physischen Körper, und so streunten meine menschlichen Freunde und ich durch die Felder, Ebenen und die Strände entlang, während wir Tarzan, Geheimagent oder Cowboy und Indianer spielten.

Doch während wir uns so die Zeit vertrieben, ereignete sich ein Vorfall, bei dem meine geistigen Wächter mir zur Rettung kamen. Ich war eines von etwa einem Dutzend Kindern, die auf den Ebenen von Sussex herumtollten. Wir spielten Verstecken. Ich kauerte hinter einem Stechginsterbusch, als ich in meinem Herzen plötzlich eine Stimme vernahm, die mich aufforderte, mich umzudrehen. Als ich das tat, stellte ich fest, dass ich nicht alleine war: Hinter mir kniete ein nackter Mann, der gerade nach mir greifen wollte. Ich stieß einen durchdringenden Schrei aus und rannte, so schnell ich konnte, den Hügel hinab. Als die anderen Kinder meinen schrillen Warnschrei hörten, folgten sie mir rasch. Wir waren alle sehr erschrocken, und ich mag gar nicht daran denken, was ohne die Warnung geschehen wäre. An diesem Tag hatten meine unsichtbaren Helfer sehr hart gearbeitet, um meine Sicherheit zu gewährleisten.

Bei verschiedenen Gelegenheiten während meiner Kindheit „sah" ich nicht nur mit dem inneren Auge, sondern auch mit meinen physischen Augen. Das Reihenhaus, in dem wir wohnten, war etwa dreißig Jahre vor unserem Einzug gebaut worden. In diesem Haus herrschte immer eine Atmosphäre des Schutzes und des Friedens, die meiner Überzeugung nach auf die Anwesenheit meiner Freundin zurückzuführen war, der „Dame mit Schaufel und Besen", die ich mit etwa sechs Jahren zum ersten Mal traf. Ich kam aus dem Badezimmer im oberen Stockwerk und sah, wie diese „Dame" die Stufen und den Treppenabsatz kehrte. Erst dachte ich, es sei meine Mutter, doch dann hörte ich Mama unten in der Küche beim Geschirrspülen und erkannte, dass es sich hier um eine weitere „Freundin" handelte. Sie wachte über mich, solange ich noch jung war, und auch in späteren Jahren, wenn ich in Zeiten großer Unannehmlichkeiten zurück nach Hause kam.

Ich war mir der Anwesenheit meiner „Dame" stets bewusst, und es überraschte mich gar nicht, dass meine Eltern niemals irgendwo anders in Southwick leben wollten. Es war nur gerecht, dass meine Mutter eine solche Beschützerin hatte, denn auch sie war eine großartige und fortgeschrittene Seele. Soweit ich weiß, hat sie niemals einem anderen Menschen auch nur in Gedanken, geschweige denn mit Worten oder Taten, Schaden zugefügt.

Eine andere Erinnerung an meine Kindheit dreht sich um den Umstand, dass ich frei schweben konnte und diese Methode viele Male nutzte, um schnell die Treppen hinunterzugelangen. Das behielt ich allerdings für mich und teilte es den Erwachsenen nicht mit. Es war mein Geheimnis und erschien mir zu dieser Zeit ganz natürlich. Was für eine Wonne war es doch, einfach leicht über den Boden zu schweben! Mit dem Beginn der Pubertät verließ mich diese Fähigkeit.

Mit zehn Jahren hatte ich das Glück, ein Stipendium an der *Worthing High School* für Mädchen zu bekommen. Diese Institution lehrte mich neben Disziplin auch die Liebe zu Büchern, Geschichte, englischer Literatur und zur Debatte – alles Dinge, die mir im späteren Leben von großer Hilfe sein sollten. Es war gegen Ende meines letzten Schuljahres, als ich zum ersten Mal in meinem Leben negativen Mächten begegnete.

Man hatte für die ältesten Schülerinnen eine Reise nach Österreich arrangiert; anlässlich des Mozart-Festivals verbrachten wir vierzehn Tage in Salzburg. Die beiden Wochen vergingen viel zu schnell, und ich hatte große Freude an all den Bildern und Klängen dieser schönen Stadt. Am Ende der zweiten Woche war eine Busreise nach Berchtesgaden geplant, um Hitlers unterirdischen Bunker zu besuchen. Alles ging gut – bis ich an der Reihe war, diesen Beton-Monolithen zu betreten. Es war 1954, gerade neun Jahre nach dem Ende des Krieges, und der Bunker strahlte noch immer seine überwältigenden Schwingungen aus. Schwach und krank wanderte ich durch die kalten und trostlosen Gänge, bis ich einfach anhielt, weil ich schlichtweg nicht mehr weitergehen konnte. Es war, als wenn ich gegen eine Mauer gelaufen wäre. Mein Körper fühlte sich klamm an und meine Beine wie Pudding. Ich nahm den Geruch von verrottetem Gemüse wahr, einen Gestank, den ich von diesem Tag an mit dem Bösen in Verbindung bringen sollte. Was auch immer an diesem Ort geschehen war, griff nach mir und erfüllte mich mit einem Schrecken, den ich nicht verstand. Als einer der Lehrer mein aschfahles Gesicht bemerkte, führte er mich hinaus an die saubere, frische Luft. Viele Jahre vergingen, ehe ich ganz verstehen konnte, wem oder was ich dort begegnet war. Mittlerweile gibt es Hinweise darauf, dass der Bunker für satanistische Riten verwendet wurde.

Viel zu schnell neigten sich meine Kindertage dem Ende zu, und auch meine Teenager-Jahre verstrichen rasch. Während dieser Zeit interessierte ich mich mehr für Jungs und das Tanzen als für andere Bewusstseinsreiche, was für ein junges Mädchen auch sehr viel gesünder ist. Bei Konzerten von Jonny Lee und Frankie Laine schrien wir und fielen in Ohnmacht. Ich machte eine Ausbildung zur Sekretärin und begann, in einem Büro zu arbeiten. Dort erteilte man mir eine harte Lektion, die ich niemals vergessen werde.

Einer meiner Vorgesetzten entwickelte eine starke Abneigung gegen mich und bemühte sich regelrecht, grob und beleidigend zu mir zu sein. Als ich nun aufgrund einer schlimmen und schmerzhaften Zahnbehandlung zu Hause bleiben musste, weigerte er sich bei meiner Rückkehr, zu glauben, dass ich tatsächlich krank gewesen sei. Ich verließ sein Büro in fürchterlicher Wut, fluchte und wünschte ihm alle möglichen schrecklichen Leiden an den Hals. Am nächsten Tag brach er aufgrund eines leichten Herzanfalls zusammen. Im Krankenhaus konnte man nicht verstehen, warum das geschehen war, denn er besaß eine ausgezeichnete Gesundheit. Ich jedoch wusste Bescheid und war entsetzt über das, was ich getan hatte. Glücklicherweise erholte er sich wieder vollständig, und ich hatte eine wertvolle Lektion gelernt. Ich verstand nun, wie machtvoll meine Gedanken sind, und seit diesem Tag überwache ich sie äußerst sorgfältig.

Während meiner Ausbildungszeit lernte ich Peter kennen und wir heirateten bald. Er war ein ausgesprochen praktischer Mensch; an ein „Leben nach dem Tod" glaubte er schlichtweg nicht. „Asche zu Asche, Staub zu Staub, und das war's", pflegte er zu sagen. Als ich meine Ausbildung zur Heilerin begann, scherzte er auf Partys gerne: „Und als Nächstes wird sie auf dem Wasser wandeln, ha ha." Dennoch hielt er mich nie davon ab, meiner spirituellen Arbeit nachzugehen; tatsächlich brachte er im Laufe der Jahre viele Menschen zu mir, die Hilfe benötigten. Wir sind jetzt seit 42 Jahren miteinander verheiratet, und während der Vorbereitungen zu diesem Buch hat er mich liebevoll unterstützt und ermutigt. Ohne seine Hilfe wäre ich niemals imstande gewesen, so große Schritte auf meinem Lichtweg zu machen.

Heute bereitet es mir große Freude, erzählen zu können, dass Peter in der Zwischenzeit völlig für seine Spiritualität erwacht ist und fest an das Leben nach dem Tod glaubt. Unglücklicherweise musste er einige sehr harte Lektionen durchstehen, bevor er zu dieser Schlussfolgerung gelangte.

Alles begann mit einem schweren Herzanfall, der ihn beinahe das Leben kostete und infolge dessen er eine beträchtliche Zeit auf der Intensivstation des Krankenhauses in Worthington verbrachte. Doch er erholte sich wieder und begriff, dass er in dieser Zeit sehr viel Heilungsenergie von mir wie auch von einigen meiner Freunde erhalten hatte. Man stellte fest, dass der Anfall durch eine blockierte, zum Herzen führende Arterie verursacht worden war, und schickte ihn nach London, wo er einen vierfachen Bypass erhielt. Der dortige Chirurg teilte Peter mit, dass er mit einem mehrwöchigen Krankenhausaufenthalt zu rechnen habe, „weil Diabetiker so schlecht heilen". Es ist kaum mehr nötig, zu erwähnen, dass er mit Hilfe von Heilungsenergie nach sechs Tagen wieder entlassen werden konnte.

Aber er war noch immer sehr krank und hatte Schlafprobleme. Nur auf dem großen Sofa im Wohnzimmer konnte er es sich bequem machen, und so verbrachte er viele Nächte dort. Ein paar Tage nach seiner Rückkehr nach Hause weckte er mich früh am Morgen mit einer Tasse Tee auf.

„Letzte Nacht ist mir etwas Seltsames passiert", sagte er.

Ich war noch sehr verschlafen und murmelte nur: „Was?"

„Nun", antwortete er, „ich konnte nicht schlafen. Also setzte ich mich auf dem Sofa auf und las die Zeitung. Plötzlich erkannte ich, dass ich nicht alleine war. Neben mir kniete die Gestalt einer Frau."

Mittlerweile war ich hellwach und begierig, mehr zu erfahren.

„Hattest du Angst?", fragte ich.

„Nein", sagte er. „Sie gab mir Heilungsenergie."

„Wie sah sie aus?"

„Nun", antwortete er ziemlich aufgeregt, „sie sah aus wie eine Militär-Krankenschwester aus dem Ersten Weltkrieg. Sie trug ein langes, graues Kleid mit einer weißen Schürze und hatte eine Haube auf dem Kopf, unter der kupferrote Locken hervorschauten. Auf ihren Schultern schien sie rote Epauletten zu tragen."

„Wie lange war sie bei dir?", fragte ich.

„Oh, eine ganze Zeit lang", antwortete er. „Aber dann erschienen zwei Männer am unteren Ende des Sofas. Sie grinsten mich an, was ich gar nicht mochte. Also ging ich zur Toilette, und als ich zurückkam, waren alle fort."

Ich war sehr erstaunt, dies von einem Mann zu hören, der niemals an Geister geglaubt und in seinem ganzen Leben nichts Übernatürliches gesehen hatte. Doch ich wusste, dass er einer Helferin aus der Welt des Lichts begegnet war. Dann lachte ich und sagte: „Ich weiß, wer das war: Angela! Bitte rufe doch Joan an und sage ihr genau das, was du auch mir gerade erzählt hast."

Er sah ein wenig verblüfft drein, tat aber, worum ich ihn bat, und rief Joan an. Sie ist eine liebe Freundin von uns, von der später im Buch noch die Rede sein wird. Sie reagierte genauso wie ich. „Das ist Angela!", rief sie aus. „Genauso habe ich sie ebenfalls gesehen."

Joan und ich haben einen guten Freund, der uns erzählte, er sei in seinem vorherigen Leben ein sehr junger Soldat im Ersten Weltkrieg gewesen. Seine damalige Freundin war Militär-Krankenschwester, und er weiß ohne jeden Zweifel, dass sie beide im Verlauf dieses entsetzlichen Krieges getötet wurden. In seinem gegenwärtigen Leben dient er als Kanal für Heilungsenergie, und Angela ist eine seiner Helferinnen aus der Welt des Lichts. Als Joan kürzlich im Krankenhaus nach einer Nasenoperation erwachte, war Angela die erste Person, die sie am unteren Ende ihres Bettes stehen sah.

Seit diesem Tag hat Peter die wunderschöne Wahrheit unserer unsterblichen Seele erkannt und viel Weisheit und spirituelles Wissen erworben.

Die Kerzenflamme

Die erste der Meditationen in diesem Buch dient dazu, sanft mit der Öffnung des Herzzentrums zu beginnen. Setzen Sie sich in einen bequemen Stuhl mit gerader Rückenlehne und richten Sie Ihre Wirbelsäule auf. Lassen Sie Ihre Hände sanft mit nach oben weisenden Handflächen in Ihrem Schoß ruhen. Entspannen Sie sich, und lassen Sie Frieden in sich einkehren. Vergessen Sie für kurze Zeit all Ihre Sorgen und Probleme und genießen Sie einfach die kurze Reise ins Reich des Lichts, die Sie nun unternehmen werden. Schließen Sie Ihre Augen und vertiefen Sie Ihren Atem ein wenig.

Nutzen Sie Ihre Vorstellungskraft, um vor Ihrem inneren Auge einen Pfad zu sehen, der Sie in einen Wald hineinführt. Beginnen Sie, diesen Pfad entlangzugehen und betrachten Sie die wunderschönen Bäume, die zu beiden Seiten wachsen. Herrliche Eichen, Ulmen und Buchen breiten die Äste über Ihrem Kopf aus und formen auf diese Weise einen Bogen über dem Pfad. Es ist ein wunderschöner, sonniger Tag, und das Licht der Sonne glitzert durch die Bäume. Am Boden sehen Sie Frühlingsblumen zwischen den Bäumen – Narzissen, Veilchen und Primeln. Legen Sie eine kurze Pause ein, um dem Gesang der Vögel zu lauschen. Ist das eine Amsel oder eine Nachtigall? Einen Augenblick lang erhaschen Sie einen kurzen Blick auf die wilden Tiere dieses Waldes: Hasen, Eichhörnchen, Feldmäuse und Igel. Sehen Sie den Maulwurf dort, wie er seine Pfoten aus einem Erdhaufen streckt? Da die Tiere hier nur Licht und Liebe kennen, fürchten sie sich nicht vor Ihnen.

Setzen Sie Ihre Reise fort, bis Sie am Ende des Waldes ankommen und vor sich – nicht weit entfernt – einen kleinen Hügel sehen. Gehen Sie weiter den nun leicht ansteigenden Pfad entlang, bis Sie zu einer kleinen Höhle an der Seite des Hügels gelangen. Die Höhle scheint von allen nur möglichen Farbtönen des Lichtspektrums erleuchtet zu werden. Schreiten Sie durch die Öffnung und schauen Sie sich um. In den Wänden sind Kristalle aller Formen und Größen zu sehen. Sie sind die Quelle des farbigen Lichts. Stellen Sie sich in die Mitte der Höhle und tauchen Sie in die Schönheit dieses Leuchtens ein.

Vor Ihnen befindet sich ein goldener Altar, auf dem eine kleine, weiße Kerze brennt. Knien Sie vor dem Altar nieder und schauen Sie in die leuchtende Flamme. Während Sie in das Licht blicken, bemerken Sie, dass die Flamme wächst und sich ausdehnt. Die Höhle steht für die Schönheit Ihres eigenen Herzzentrums, und die Flamme ist der göttliche Funke – die göttliche Liebe, die in allen Menschen wohnt. Glauben Sie, dass Sie in Anbetracht des reinen Wunders Ihres eigenen Tempels jemals wieder ärgerlich oder eifersüchtig auf andere sein können?

Während Sie beobachten, wie der Glanz dieser reinen, weißen Kerze immer weiter wächst, ist es, als ob sich Ihr Herz ebenfalls öffnet und weitet. Wie die kleinen Kräuselwellen auf einem Teich bewegen sich die Wellen aus Ihrem Herzzentrum nach außen, verlassen die Höhle und reisen in die Welt hinaus. Senden Sie dieses Licht zu jedem Teil der Erde, von dem Sie wissen, dass er der Heilung bedarf, oder umhüllen Sie jede Person, die in Schwierigkeiten ist, mit dieser Liebe. Ruhen Sie sich einen Moment aus, bevor Sie Ihren Tempel verlassen, und danken Sie Ihrem Schöpfer für das herrliche Geschenk, das von Ihnen aus in den Planeten Erde geflossen ist.

Das Bild des Altars und der Höhle verblasst langsam, Sie wenden sich vom Hügel ab und gehen auf den Pfad zurück. Nehmen Sie sich Zeit, zwischen den Bäumen hindurchzugehen und halten Sie einen Moment inne, um die Schönheit der Natur zu betrachten. Atmen Sie die reine, frische Luft mit tiefen Zügen ein und riechen Sie den wunderbaren Duft der Frühlingsblumen.

Wenn Sie bereit sind, werden Sie sich wieder des Platzes bewusst, auf dem Sie sitzen. Fühlen Sie den Boden unter Ihren Füßen. Bringen Sie die Liebe und Freude, die Sie eben erlebt haben, mit in Ihr physisches Leben zurück. Erinnern Sie sich daran, dass Sie jederzeit zur Höhle zurückkehren können; sie ist ein Teil von Ihnen und kann mit jedem Besuch noch schöner gestaltet werden.

Bevor Sie die Augen öffnen, visualisieren Sie ein großes Kreuz aus Licht in einem Lichtkreis, welcher Sie umgibt und Ihren gesamten Körper umfasst. Auf diese Weise werden Sie nun bei der Rückkehr in Ihr Alltagsleben von Gott beschützt.

Ausbildung zum Heiler oder zur Heilerin

Oft fragen mich Menschen: „Wie werde ich ein Heiler?" Die Antwort ist sehr einfach. Jeder besitzt die Fähigkeit, zu heilen – jede Mutter, die das aufgeschürfte Knie ihres Kindes küsst, um den Schmerz zu lindern, verwendet diese Gabe. Und auch, wenn Sie mitfühlend der traurigen Geschichte einer anderen Person zuhören, verwenden Sie diese spirituelle Energie.

Wenn die Liebe zu Ihren Mitmenschen oder Mitgeschöpfen in Ihnen ist, müssen Sie nur Ihr Herz öffnen und die Macht der Liebe aus Ihnen heraus zum Patienten fließen lassen. Liebe ist das Licht Gottes und somit unbesiegbar; es gibt nichts, weder in dieser noch in der nächsten Welt, was ihr widerstehen könnte. Liebe wird die Dunkelheit immer überwinden, und wenn Sie in ihrem Strahlen wandeln, gibt es nichts, was Sie fürchten müssten – weder Krankheit noch Armut oder Tod. Ich hoffe, dass Sie diese Liebe am Ende des Buchs verstehen und in Ihrem eigenen Leben anwenden werden. Dann wird Ihr Weg klar und erleuchtet vor Ihnen liegen.

Ich begann meine Ausbildung als Heilerin erst im Alter von etwa fünfunddreißig Jahren. Mein Mann und ich waren gerade zurück nach Southwick gezogen, um in der Nähe meiner Mutter und meines Vaters sein zu können. Meine Tante Sheila, die mir immer eine wahre und vertrauensvolle Freundin war, wusste um mein Interesse am Heilen. Sie hatte ein Inserat gesehen, welches darauf hinwies, dass von nun an jeden Montag abends praktische Heilungssitzungen im Gemeindezentrum stattfinden sollten. Wir beschlossen, hinzugehen und uns die Sache anzusehen. Da ich gerade unter Hämorrhoiden litt, hoffte ich auf Hilfe.

Hier traf ich zum ersten Mal Ken und Irene Harrison, die Initiatoren dieser Heilungssitzungen. Ich möchte diesen beiden großartigen Seelen meinen Respekt ausdrücken; ohne ihre Hilfe hätte meine Reise ins Licht niemals begonnen. Die Sitzungen erstreckten sich über acht

Jahre, und während dieser Zeit gingen Hunderte von Menschen durch ihre Hände. Niemand wurde abgewiesen, selbst wenn das bedeutete, bis spät in die Nacht hinein zu arbeiten. Jeder dieser Menschen erhielt auf die eine oder andere Weise Hilfe. Selbst wenn eine Erkrankung nicht geheilt werden konnte, fühlten sich die Patienten auf dem Nachhauseweg viel fröhlicher und besser in der Lage, mit ihrem Leben fertig zu werden. Jemand hatte sich die Zeit genommen, ihnen in ihrer Trauer zuzuhören und ihnen liebevoll zu begegnen. Es war nicht überraschend, dass diese Montagabende immer beliebter wurden. Doch vor dreiundzwanzig Jahren herrschten in Bezug auf alternative Heilweisen noch eine Menge Vorurteile. Unser örtlicher Vikar brachte seine Meinung zum Ausdruck, dass nur ein geweihter Pastor das Handauflegen ausüben solle, und zwei ältere Damen drückten in einem Brief an Ken und Irene ihre Besorgnis aus, dass es sich bei der Heilung tatsächlich um „die Arbeit des Teufels" handeln könne. Unser Sinn für Humor half uns durch solche Momente, und wie ich schon sagte, wuchsen und gediehen unsere montäglichen Heilungssitzungen während ganzer acht Jahre.

An diesem Montagabend gingen Sheila und ich ins Gemeindezentrum. Es waren bereits einige Leute versammelt, und der Raum füllte sich schnell. Wir warteten geduldig, während die anderen Menschen an der Reihe waren, und als ich Ken und Irene dabei beobachtete, wie sie ihre Hände über die verschiedenen Körper gleiten ließen, wurde mir bewusst, dass meine eigenen Handflächen sich sehr warm und prickelnd anfühlten. Bald war ich an der Reihe, und so ging ich nach vorne und setzte mich vor Irene. Als sie mit mir arbeitete, spürte ich einen sanften Wärmefluss und das Gefühl tiefen Friedens in mich einkehren. Es war ein wunderschönes Erlebnis, das mich vollständig von meinen unangenehmen Hämorrhoiden kurierte. Als Irene ihre Behandlung beendet hatte, kam Ken zu mir herüber, sah mich an und sagte: „Sie sollten dies selbst tun. Möchten Sie sich uns als Auszubildende anschließen und lernen, eine Heilerin zu werden?" Natürlich sagte ich „Ja, bitte!" Dies war der Beginn von mehreren glücklichen Jahren, in denen ich montagabends in den Heilungssitzungen lernte und arbeitete. Noch als Auszubildende wurde ich Mitglied der *National Federation of Spiritual Healers* [etwa:

Nationalverband der Geistheiler, A.d.Ü.], und schließlich qualifizierte ich mich als vollwertige Heilerin. Später arbeitete ich mit einer kleinen, aber wundervollen Gruppe, die als die *Sussex Healers* bekannt wurden.

Ich kann mir keine bessere Ausbildungssituation vorstellen als jene, in der ich mich befand. Während dieser acht Jahre gingen viele Menschen mit unterschiedlichsten Erkrankungen durch meine Hände. An manchen Abenden kamen mehr als dreißig Menschen, und dann wurde es oft etwas lauter. So lernte ich früh in meiner Ausbildung, mich abzuschotten, indem ich mich in eine Lichtpyramide einschloss. Noch heute stelle ich mir meinen Patienten und mich von einem Dreieck aus Licht umgeben vor, so dass ich mir nur noch der vor mir sitzenden Seele bewusst bin und jede Störung vollständig ausschließen kann. Ich lernte auch, mich auf die Heilungskraft einzuschwingen oder mich „anzuschließen", was schnell automatisch wurde und keiner besonderen Aufmerksamkeit mehr bedurfte. Jeder Heiler hat hier seine eigenen Methoden; ich habe immer die Gestalt von Jesus visualisiert und darum gebeten, dass seine heilende Kraft durch meine Hände zur bedürftigen Person fließen möge.

Die Einschwingungsmethode wurde mir gleich zu Beginn meiner Ausbildung vermittelt. Ich hatte ein Buch von Harry Edwards ausgeliehen, der von vielen Menschen als größter Heiler des 20. Jahrhunderts angesehen wird. Im Buch erklärt er eine einfache Methode der Einstimmung zum Zwecke der Fernheilung – ein Vorgang, mit dessen Hilfe Meditation über große Entfernungen gesendet wird. Harry empfahl, sich in einen bequemen Stuhl zu setzen und vor dem inneren Auge ein Bild von Jesus zu formen, der gerade die Schmerzen eines Kranken lindert.

Ich folgte dieser Empfehlung, schloss meine Augen und fand mich unvermittelt in Jerusalem vor zweitausend Jahren wieder. Ich blickte auf einen gewaltigen Tempel, vor dem sich eine große Menschenmenge versammelt hatte. Ich schaffte es, mir einen Weg bis zur vordersten Reihe zu bahnen und sah einen dunkelhaarigen Mann in einem weißen Gewand, der seine Hände über die Augen eines blinden, ärmlich gekleideten Bettlers hielt. Ich wusste sofort, dass ich Jesus erblickte, denn er war von einer Aura aus Licht umgeben, die stetig zu wachsen schien, bis sie die gesamte wartende Menge umfasste. Dann wandte er seinen Kopf und sah mich an. Aus seinen mich fixierenden Augen floss die Liebe, und ich fühlte, wie sich mein Herzzentrum öffnete und erweiterte. Plötzlich schrie der blinde Bettler in übergroßer Freude; zum ersten Mal seit vielen Jahren konnte er wieder sehen. Diese wunderbare Meditation verschaffte mir meine Lichtquelle, an die ich mich von nun an anschließen konnte.

An diesem Punkt begann ich, eine Fernheilungsliste aufzustellen und jeden Tag eine halbe Stunde damit zu verbringen, um Hilfe für die Leidenden auf meiner Liste zu bitten. Ich stimmte mich ein und hielt den kranken menschlichen oder auch tierischen Patienten im Licht von Jesus Christus. Die Ergebnisse waren erstaunlich; ich schien mich in ständiger Verbindung mit meiner Quelle zu befinden. Ich habe ein sehr schlechtes Gedächtnis, und manchmal traf ich beim Einkaufen Menschen, die wussten, dass ich als Heilerin arbeitete und mich baten, einen Freund oder Verwandten auf meine Liste zu setzen. Ein paar Wochen später begegnete ich derselben Person dann wieder und hörte zum Beispiel: „Vielen Dank, dass Sie Tante Grace geholfen haben; sie fühlt sich schon viel besser!" Zu meinem Entsetzen erkannte ich dann manchmal, dass ich völlig vergessen hatte, Tante Grace in die Liste aufzunehmen. Ich denke, dass es wie bei einem Radarsystem ist: Wenn man einmal begonnen hat, auf diese Weise zu arbeiten, werden alle Hilferufe angenommen und zu den passenden Helfern und Engeln weitergeleitet.

Manche Menschen sprechen stärker auf Fernheilung an als auf körperlichen Kontakt. Mein Ehemann ist ein sehr gutes Beispiel dafür. Er ist Diabetiker und entwickelte vor einigen Jahren eine schwere Arthritis in seinen Händen, Armen und Hüften. Da er nicht lange genug still sitzen konnte, um Nutzen aus der körperlichen Behandlung zu ziehen, arbeitete ich aus der Ferne an seinem Problem. Nach kurzer Zeit ließen die Schmerzen nach, und nach etwa zwei Monaten war die Arthritis vollständig verschwunden, um nie mehr wiederzukehren.

Jeder kann Fernheilung ausüben, und ich möchte alle Leser dieses Buchs dazu ermutigen, es selbst einmal zu versuchen. Auf diese Weise können Sie Menschen, Tieren, Ländern, dem Planeten Erde und jedem anderen oder jeder anderen Sache helfen. Man sagt: „Wie du gegeben hast, sollst du auch empfangen", und ich halte diesen Satz für wahr. Bald schon, nachdem Sie mit dem Fernheilen begonnen haben, werden Sie sich viel glücklicher und gesunder fühlen. Ihr Gang wird beschwingter sein, und Sie werden erkennen, wie gut es ist, am Leben zu sein. Indem Sie andere unterstützen, helfen Sie auch sich selbst.

Auf dem spirituellen Weg gibt es eine große Zahl an Lektionen zu lernen, und eine davon ist die des Mitgefühls. Sie müssen sich die Fähigkeit erwerben, ihre eigenen Gefühle zurückzuziehen, um nicht ausgelaugt zu werden. Diese Lektion habe ich sehr früh in meiner Ausbildung lernen müssen. Eines Tages kam mein Mann nach Hause und fragte, ob ich mir die an Krebs leidende Frau eines Arbeitskollegen ansehen würde. Natürlich tat ich das und begegnete so zum ersten Mal Lorraine. Sie war eine hübsche junge Frau Anfang zwanzig und hatte zwei kleine Kinder. Die Ärzte hatten Unterleibskrebs diagnostiziert, und sie war aufgrund der Wasseransammlung in ihrem Körper ganz angeschwollen. Als ich sie traf, befand sie sich zur Chemotherapie im Krankenhaus und musste sich alle halbe Stunde übergeben. Ich gab ihr Heilungsenergie, und die Schmerzen ließen nach. Am nächsten Tag sagte sie mir, dass die Übelkeit aufgehört habe und sie sich viel ruhiger fühle.

Während der nächsten Monate besuchte ich sie drei- oder viermal in der Woche, und wir wurden sehr gute Freundinnen. Ich nahm auch Beziehungen zu ihrer Familie auf und blieb manchmal bei ihr, wenn ihr Ehemann für ein Bier in das örtliche Pub hinüberging. Ich glaubte wirklich, die Heilungsenergie würde sie kurieren und ignorierte die Tatsache, dass sie schwächer und schwächer wurde. Als man sie schließlich wieder ins Krankenhaus brachte, war ich außer mir vor Verzweiflung. Man sagte mir, ihr Körper sei von Tumoren förmlich durchlöchert, und zu dem Zeitpunkt, als ich die Heilungssitzungen bei ihr begann, seien bereits lebenswichtige Organe angegriffen gewesen. Immerhin aber hatte die Heilungsenergie Lorraine die meisten Schmerzen genommen und ihrem Geist Frieden gebracht, so dass sie leichter in die Welt des Lichts hinübergehen konnte. Es war für mich schwer, mit dieser so überaus wichtigen Lektion fertig zu werden. Bei näherer Betrachtung erkannte ich jedoch, dass ein Teil der Freude des Heilens darin besteht, den Sterbenden Licht und Trost zu bringen. Wie kann man einer anderen Seele besser helfen, als sie darin zu unterstützen, mühelos durch die „Tür" zur anderen Seite zu gehen?

Ich kann dieses Thema nicht beenden, ohne vom Hospiz in Bristol zu erzählen, wo ich tapfer und hart mit so vielen todkranken Menschen arbeitete. Üblicherweise kommen die Menschen hierher, wenn die Krankenhäuser sie zum Sterben nach Hause geschickt haben. In Bristol erhalten sie Heilungsenergie, eine strenge vegetarische Diät, und man lehrt sie, zu visualisieren, dass der Krebs ihren Körper verlassen habe. Man ermutigt sie, positiv zu denken und umgibt sie mit Hoffnung und Trost. Ich befinde mich auf der Liste der Heiler dieses Hospizes und habe im Laufe der Jahre einer ganzen Zahl seiner Patienten helfen können. Es ist eine Gnade, zu beobachten, wie sich die Haltung dieser Menschen verändert. Die Angst vor dem Wort „Krebs" hat sie verlassen, und auf diese Weise öffnen sie sich für die regenerierenden Energien, die durch ihren Körper fließen. Einige gehen zwar auf die andere Seite hinüber, aber eine beträchtliche Zahl ist noch fünf bis zehn Jahre nach ihrer erstmaligen Aufnahme in das Hospiz am Leben.

Als Beispiel hierfür möchte ich Ihnen die Geschichte von John erzählen. Seine Frau Heather, eine Krankenpflegerin, war sehr schockiert, als man ihr erklärte, ihr Mann habe Lungenkrebs. Im Krankenhaus sagte man, er habe nur noch wenige Monate zu leben und schickte ihn nach Hause. Heather gab man Anweisungen, wie sie es ihm so bequem als möglich machen könne. Sie brachte ihn sofort übers Wochenende in das Hospiz von Bristol, wo mit seiner Behandlung begonnen wurde. Danach kam John jeden Montag zu unseren Heilsitzungen in Southwick, wo wir damit fortfuhren, ihm spirituelle Heilungsenergie zu geben. Anfangs empfand er die größtenteils aus Rohkost bestehende vegetarische Diät als problematisch, doch da seine ganze Familie mitmachte, fiel es ihm bald viel leichter.

Er kam vor etwa zehn Jahren zum ersten Mal zu den Heilsitzungen und bis vor kurzer Zeit lief er noch immer in Southwick herum. Der Krebs war zwar nicht verschwunden, zog sich jedoch stetig zurück. Während ich dieses Kapitel schreibe, hat man mir mitgeteilt, dass John leider von uns gegangen ist. Ich bin mir sicher, dass John gewollt hätte, dass ich seine Geschichte zu Ehren des Hospizes in Bristol in dieses Buch einfüge. Als ich ihn das letzte Mal sah, sagte er zu mir: „Selbst wenn ich morgen sterbe, habe ich doch all diese zusätzlichen Jahre gehabt." Die ursprüngliche Prognose des Krankenhauses lautete auf zwei Monate. Tatsächlich lebte John noch zehn Jahre!

Bei der Behandlung von Krebs ist es wesentlich, dass die Patienten eine positive Einstellung beibehalten. Jede kleine Zelle unseres Körpers hat ihr eigenes Gehirn, welches die Kontrolle verliert, wenn eine Zelle zügellos wird. Also muss unser großes Gehirn entscheiden, welche der beschädigten Zellen vom Krebs zu reinigen sind. Aus diesem Grund sind die wohltuenden Meditationen, die im Hospiz von Bristol gelehrt werden, so wichtig.

Nachdem wir nun über positive Erlebnisse in Zusammenhang mit Krebs gesprochen haben, möchte ich kurz auch einen negativen Aspekt erwähnen. Die Macht des Geistes ist so groß, dass man sich willentlich dazu bringen kann, diese Erkrankung in sich zu erschaffen. Wenn Sie nur oft genug sorgenvoll an Krebs denken, wird Ihr Körper entsprechend reagieren. Ich hatte eine sehr liebe Freundin namens Ruby, die eine überaus spirituelle Frau war. Unglücklicherweise gab es jedoch etwas in ihr, das sie zur Selbstzerstörung drängte. Als sie um die siebzig Jahre alt war, entwickelte sie die Zwangsvorstellung, dass sie an Unterleibskrebs leide. Nach kurzer Zeit beeinträchtigte dies zusammen mit anderen Faktoren ihre geistige Stabilität, und man nahm sie im Krankenhaus auf. Während ihres Aufenthalts untersuchte man sie auch auf Anzeichen von Krebs, doch die Ergebnisse waren negativ, nichts konnte gefunden werden. Auch ich gab ihr zwar Heilungsenergie, konnte jedoch kein Anzeichen von Krebs empfangen. Ich versuchte mein Bestes, um ihre Gedanken in angenehmere Richtungen zu lenken, doch es war nutzlos. Bei ihrer Rückkehr nach Hause war sie noch immer fest davon überzeugt, bald sterben zu müssen. Meine arme Freundin erhielt, was sie sich wünschte. Ich hatte einige Monate fern von zu Hause gearbeitet, und als ich zurückkam, erfuhr ich, dass Ruby nochmals für weitere Untersuchungen ins Krankenhaus gegangen war. Dieses Mal diagnostizierten die Ärzte Unterleibskrebs, der sich bereits rasend schnell auf die Leber ausgebreitet hatte. Ruby wurde in unser örtliches Hospiz gebracht, wo sie schnell und ohne Schmerzen starb. Ich liebte sie sehr und würde niemals auch nur davon träumen, sie auf irgendeine Weise zu kritisieren. Ich glaube, es handelte sich um eine Prüfung, der sich Ruby in diesem Leben stellen musste. Doch worin auch immer die Prüfung bestand, ich weiß, dass sie nun ihren Frieden gefunden hat.

Während meiner Ausbildung zur Heilerin entdeckte ich mit großer Demut, welch wunderbares Geschenk man mir gegeben hatte: Ich hatte die Fähigkeit erlangt, Schmerz fortzunehmen. Zu meiner großen Freude stellte ich fest, dass Kopfschmerzen, Rückenschmerzen und Ähnliches in vielen Fällen unter meiner Berührung verschwanden. Besondere Erfolge hatte ich während der montäglichen Sitzungen bei Migräne-Patienten. Auch arthritische Gelenke schmerzten weniger, und in einigen Fällen verschwand das Hämmern in den Gliedern sogar völlig. Jemand sagte mir, es sei, als wenn man ein Aspirin nehme oder eine Schmerzspritze erhalte; der Schmerz schmelze dann langsam dahin.

Eines Montagabends kam Norman, ein Seemann der Handelsmarine, zu uns und bat um Hilfe. Er saß vor mir und erklärte mir, dass er sich vor zwanzig Jahren den Rücken an Bord eines Schiffes verletzt habe und seitdem unter ständigen Qualen leide. Ein Spezialist hatte ihm gesagt, dass zwei Bandscheiben am unteren Ende der Wirbelsäule die Ursache seiner Probleme seien. Er war mehrere Jahre lang erfolglos behandelt worden. Ich arbeitete zwanzig Minuten lang mit ihm und fragte ihn dann, wie er sich fühle. Er stand auf, streckte sich und bewegte sich vorwärts und rückwärts. Mit dem Ausdruck größten Erstaunens drehte er sich danach zu mir um und sagte: „Die Schmerzen sind weg! Es ist unglaublich! Als Ihre Hände meine Wirbelsäule hinauf- und hinabwanderten, war es, als wenn sie von einem glühend heißen Schürhaken begleitet würden." Soweit mir bekannt ist, hat er niemals wieder Probleme mit der Wirbelsäule gehabt. Es war einer jener Fälle, in denen die Heilung von der Seelenebene kam und sofort eintrat. Jene wunderbaren Ereignisse machen das Heilen so lohnend. Ich wünschte, ich könnte die gesamte Menschheit von ihrem Elend befreien, aber dieser Tag ist noch weit entfernt. Ich hoffe jedoch, dass dieses Buch zu einer positiveren Einstellung zum Problem der Erkrankung beiträgt.

Da wir gerade von Schmerz reden, möchte ich meinen Lesern eine Kontrollmethode vorstellen, die ich von meinen geistigen Freunden erhalten habe. Damals litt ich unter einem entzündeten Abszess an einem meiner Backenzähne. Der Zahn tobte, und ich hätte meinen Kopf am liebsten gegen eine Mauer geschlagen. In diesem Moment sagte eine Stimme in meinem Ohr: „Setze dich hin, entspanne dich und gehe in eine meditative Haltung." Dankbar versuchte ich dies und stellte bald fest, dass ich von oben auf meinen Schmerz hinuntersah. Als ich die Augen öffnete, erkannte ich, dass die Schmerzen zwar noch immer da waren, jedoch von meinem Geist kontrolliert wurden. Ich habe diese Übung mit mehreren Patienten ausgeführt, die große Schmerzen ertragen mussten, und erlebte sie jedes Mal als sehr wirkungsvoll.

Ich verwende diese Methode der Schmerzkontrolle auch bei Zahnarztbesuchen und brauche seit vielen Jahren keine Schmerzspritze mehr.

Die Montagabende waren jedoch keineswegs immer eine ernste Angelegenheit. Viele der Menschen, die zu uns kamen, stimmten uns fröhlich und brachten uns zum Lachen. Eines Abends kam eine ältere Dame namens Doris, deren Arm sich in einer Schlinge befand. Sie war gestürzt und hatte sich eine hässliche Fraktur des Handgelenks zugezogen. Der gebrochene Knochen war nicht richtig zusammengewachsen, weshalb ihr Handgelenk sehr wund und ein wenig deformiert war. Sehr zum Vergnügen der wartenden Patienten informierte sie uns mit lauter Stimme darüber, dass sie nur von ihren Schmerzen befreit zu werden wünsche, aber nicht wolle, dass ihr Gelenk wieder gestreckt werde, da sie sich in einem Rechtsstreit um Schadenersatz befände. Sie nahm an, dass ein völlig wiederhergestellter Arm ihre Chancen auf finanzielle Wiedergutmachung vollkommen zunichte machen würde.

In einer anderen Woche kam eine Frau mittleren Alters zu uns, die sich den Kopf hielt. Es stellte sich heraus, dass sie unter einem schweren Migräne-Anfall litt. Mit lautem Geflüster erzählte sie allen und jedem, dass sie von uns eine Linderung ihrer Qual wünsche, aber weiterhin Migräne haben wolle, weil diese ihren Ehemann davon abhalte, sie im Bett zu belästigen. „Wenn er glaubt, dass meine Kopfschmerzen verschwunden sind", jammerte sie, „wird er nicht mehr zu bremsen sein. Es gibt nichts, was ihn zurückhält."

Während meiner ersten Jahre in der *National Federation of Spiritual Healers* hatte ich Gelegenheit, vielen brillanten, inspirierten Vortragenden zu lauschen und einige wunderbare Heilungszentren zu besuchen. Das Zentrum *Seekers Trust* in Addington Park nahe Maidstone jedoch wurde zu einem Schauplatz, an den wir immer wieder zurückkehrten. Ich fühlte mich von der Schönheit und der Atmosphäre des Friedens, welche diesen Ort durchdrangen, zutiefst angezogen.

Dort kann man die Anwesenheit von Engeln überall in den Gärten und auf dem Parkgelände spüren. Eines Tages machte ich mit dem „heilenden Baum" dieses Zentrums Bekanntschaft, einer gewaltigen Buche, die groß und stattlich an einem Wegrand steht. Sie hatte den Ruf, jedem, der seine Hände auf ihren Stamm legt, in seinem Leid zu helfen. Als ich im nachmittäglichen Sonnenlicht im Gras stand, konnte ich den Grund für diese wundersame Behauptung erkennen: Zu beiden Seiten des Baums standen Engelsgestalten. Bei einem handelte es sich um den Wächter des Baums, während der andere als Deva der Heilung erschien. Ihre schimmernden Auren umhüllten die Buche und einen großen Bereich des umliegenden Landes. Dieser Boden war schon zu uralten Zeiten gesegnet und auch jetzt noch heilig.

Obwohl die Vorlesungen und Seminare mein Wissen und mein spirituelles Bewusstsein erweiterten, waren dennoch Ken und Irene Harrison jene Menschen, die mich damals am stärksten beeindruckten. Ich kann ihnen niemals genug für ihre Zeit, Geduld und Erleuchtung danken, die sie so bereitwillig mit mir teilten. Ken war Fachmann dafür, eingeklemmte Nerven zu befreien und Gelenke wieder beweglich zu machen, die in der Verbindung mit einem Körperglied erstarrt waren.

Irene mit ihrer sanften Gelassenheit war ein Geschenk des Himmels für jeden, der unter geistigen Erkrankungen oder Behinderungen litt.

Mittlerweile sind Ken und Irene ins Licht hinübergegangen. Ich spüre oft ihre Anwesenheit, besonders dann, wenn ich heile. Ich weiß, dass sie noch immer auf ihre eigene ganz besondere Weise arbeiten und helfen.

Ich habe in letzter Zeit viel Post zum Thema Prüfungen und Diplome für spirituelle Heiler erhalten. Auch wenn ich mir bewusst bin, dass die Öffentlichkeit vor Scharlatanen und Hochstaplern geschützt werden muss, bin ich doch etwas besorgt, dass dabei zu viel Wert auf intellektuelle Fähigkeiten gelegt werden könnte. Ich habe Heiler gesehen, die über äußerst wenig Buchwissen verfügten, aber wunderschöne und liebevolle Handlungen im Dienst am Menschen ausführten.

Zum Abschluss dieses Kapitels möchte ich noch eines sagen: Es war niemals Gottes Wille, dass wir unglücklich oder krank werden, aber es ist manchmal einfach notwendig, um bestimmte Lektionen zu lernen. Krankheit kann von Fehlern verursacht werden, die wir in vergangenen Leben gemacht haben. „Was der Mensch sät, soll er ernten" ist manchmal sehr wahr. Während des Wassermann-Zeitalters wird jedoch eine große Bewusstseinsveränderung stattfinden, und der Mensch wird seine Ursprünge und seinen Gott mit neuen Augen sehen. Er wird lernen, sich und die ganze Schöpfung zu respektieren. Die alten esoterischen Worte werden neue Wahrheit erlangen: „Mensch, erkenne dich selbst, und du erkennst Gott." Dann wird das goldene Zeitalter heraufdämmern.

Die Lotusblüte

Wieder setzen Sie sich bitte in aufrechter Position auf einen bequemen Stuhl und schließen Ihre Augen. Entspannen Sie sich und atmen Sie etwas tiefer.

Vor Ihrem geistigen Auge erstreckt sich ein wunderschönes, grünes Feld. Es ist ein herrlicher Sommertag; der Himmel erstrahlt in tiefstem Blau, und die Wärme der Sonne ergießt sich auf Sie hinab. Während Sie in das Feld hineintreten, fühlen Sie das Gras unter Ihren nackten Füßen und zwischen Ihren Zehen. Werden Sie sich der summenden Bienen bewusst, die von einer großen Zahl wilder Blumen Pollen sammeln, wie zum Beispiel Gänseblümchen, Butterblumen und Schlüsselblumen. Auf der Wiese grasen schwarzweiße Kühe, die nun ihre Köpfe heben, um Sie mit ihren großen und sanften braunen Augen zu betrachten.

Durch das Feld fließt ein Bach, an dessen Seiten große Trauerweiden stehen. Gehen Sie zu dem Bach und stellen Sie sich an das Ufer. Haben Sie den schnellen, blauen Blitz gesehen, als der Eisvogel an Ihnen vorbei ins Wasser tauchte? Oder die Farben des Schmetterlings, der gerade neben Ihnen gelandet ist? Das kleine Flüsschen ist ziemlich seicht, und wenn Sie hineinsehen, können Sie die Umrisse von kleinen Fischen und Wasserinsekten erkennen.

Spazieren Sie das Ufer entlang und zwischen den Bäumen hindurch, bis das Flüsschen breiter wird und Sie sich am Rande eines großen Sees wiederfinden. Das Wasser erscheint beinahe meergrün und spiegelt den Kreis der es umgebenden Bäume wider. Sie blicken zur anderen Seite hinüber und sehen, dass die Wasseroberfläche von kleinen Wellen gekräuselt wird, die an den Rand des Sees plätschern. Je länger Sie auf das Wasser blicken, umso deutlicher spüren Sie den intensiven Frieden dieses verzauberten Orts. Während sich diese Harmonie in Ihrem ganzen Körper ausbreitet, wird die Oberfläche des Sees so glatt und still wie Glas. Alles ist Liebe, alles ist friedlich, gelassen und ruhig.

Blicken Sie nun zu Ihren Füßen hinab; dort finden Sie ein kleines Boot. Steigen Sie hinein. Nun bewegt es sich lautlos vom Ufer fort und gleitet widerstandslos über den See. Tauchen Sie Ihre Hand ins Wasser und spüren Sie, wie Ihre Finger neben dem Boot entlanggleiten. Formen Sie Ihre Hände zu einer Schale und bringen Sie etwas Flüssigkeit an Ihre Lippen. Das Wasser schmeckt wie reiner Nektar, ist frisch, kühl und ein wenig perlend. Es ist Heilwasser. Fühlen Sie, während Sie es trinken, wie es Ihren ganzen Körper erfüllt und jedes Organ, jedes Atom Ihres Wesens erfrischt.

Jetzt haben Sie das andere Ufer erreicht. Steigen Sie aus Ihrem Gefährt und verbringen Sie einige Augenblicke damit, einfach still die Sie umgebenden Wunder der Natur zu betrachten. Blicken Sie wieder auf die Oberfläche des Sees; dort entdecken Sie gerade in Ihrer Reichweite eine prachtvolle weiße Lotusblume. Die Reinheit dieser Blüte ist beinahe blendend in ihrer Pracht. Während Sie zusehen, beginnt sich die Blüte langsam zu öffnen und ein herrliches, goldenes Zentrum zu enthüllen. Während sich die Blume mehr und mehr entfaltet, spüren Sie, wie sich auch Ihr eigenes Herzzentrum langsam voller Liebe und Freude weitet. Sie stellen fest, dass Sie nun in der Mitte des Lotus stehen, der sich allmählich in einen goldenen Tempel verwandelt. Seine Wände leuchten und schimmern in allen Blau- und Goldtönen, den Farben der Harmonie. Das Dach des Tempels ist zum Himmel hin offen, und aufwärts schauend sehen Sie drei weiße Friedenstauben, die herabfliegen und sich zu Ihren Füßen niederlassen. Nehmen Sie eine dieser Tauben sanft in die Hand und halten Sie sie nah an Ihr Herz. Wieder spüren Sie, wie sich Ihr Herzzentrum öffnet und im Einklang mit diesem lieblichen Vogel schlägt. Halten Sie nun Ihre Hände hoch und geben Sie diese Botschafterin des Friedens frei; lassen Sie Wellen der Liebe aus Ihrem Herzen mit der Taube zu jedem Land fliegen, in dem Gewalt herrscht. Wiederholen Sie dieses Ritual mit den beiden anderen Tauben, so dass drei verschiedene Gegenden der Welt von Ihren Gedanken der Gelassenheit und Freiheit überzogen werden. Rasten Sie dann eine Weile innerhalb der Tempelmauern, um sich zu erfrischen und Kraft zu gewinnen, bevor Sie wieder in Ihre irdische Umgebung zurückkehren.

Das Bild vor Ihnen verblasst; Sie finden sich am Ufer des Sees wieder und schauen auf die offene Lotusblüte hinab, die zu Ihren Füßen treibt. Neben Ihnen wartet das Boot, um Sie wieder über den See zurück zur Sommerwiese zu bringen. Machen Sie diese Reise langsam, in Ihrem eigenen Tempo, atmen Sie dabei die frische, warme Luft ein und lauschen Sie dem Gesang der Vögel.

Wenn Sie durch die Wiese gegangen sind, kommen Sie sanft zu Ihrem Platz zurück. Spüren Sie den Boden unter Ihren Füßen. Behalten Sie den tiefen, tiefen Frieden in Ihrem Herzen, damit er von Ihnen aus in die ganze Welt hinausstrahlen kann. Es ist jener Friede, der jenseits allen Verstehens liegt. Bevor Sie Ihre Augen öffnen, visualisieren Sie ein großes Kreuz aus Licht in einem Lichtkreis, welcher Sie umgibt und Ihren gesamten Körper umfasst.

Möge die Freude Ihr Herz regieren.

Dritter Schritt

Erfahrungen einer Heilerin

Von allen spirituellen Gaben halte ich jene der Heilung für die schönste und beste. Sie bringt eine immense Freude und Liebe, doch gleichzeitig auch immer eine große Demut mit sich. Es ist wirklich wahr, dass wir empfangen, was wir geben. Ich habe das Glück, grenzenlose Energie zu erhalten, denn ich bekomme mehr zurück, als ich hinausgegeben habe; so bin ich von Licht und Liebe umgeben. Ich habe eine wundervolle Familie und viele, viele Freunde. Wenn ich in Schwierigkeiten bin, ist immer jemand da, der mir Hilfe und Mitgefühl anbietet.

Einige der Leser meines Buches werden diese Arbeit vielleicht ebenfalls aufnehmen wollen, weshalb ich eindringlich betonen muss, dass Heiler eine große Verantwortung tragen. Je stärker und heller die Kraft in uns wird, umso mehr beginnen wir, in einem inneren und äußeren Licht zu leuchten. Ich vergleiche das gerne mit einer ständig angeschlossenen elektrischen Glühbirne. So werden die Menschen zu uns hingezogen; im Bus oder Zug werden sich zum Beispiel aufgewühlte Seelen neben uns setzen und uns ihre Sorgen und Nöte eröffnen. „Ich weiß gar nicht, warum ich Ihnen das alles erzähle", werden sie sagen, doch das von uns ausgesandte Licht ist für die ganze Menschheit da und zieht alle an, die in Not sind. Auch wenn wir selbst gerade einen schlechten Tag hinter uns haben, müssen wir immer zuhören und dieses Wesen mit Licht und Liebe umhüllen. Wir werden das Ergebnis nicht erfahren, aber Sie können sicher sein, dass kein einziges bisschen Licht jemals verschwendet ist und dass ein positiver Gedanke einen höheren Wert hat als hundert negative. Ich erinnere mich, wie ich einmal in einen Bus stieg und dort auf einen Fahrer traf, der offenbar mit dem falschen Fuß zuerst aufgestanden war. Er brüllte und fuhr jede Person an, die versuchte, ihren Fahrschein bei ihm bar zu bezahlen. Ich verbrachte die gesamte halbe Stunde meiner Busfahrt damit, ihn mit Licht einzuhüllen, und als ich meine Bushaltestelle erreichte, lächelte er und genoss ganz offensichtlich diesen Morgen. Nach einer scharfen Bemerkung meinerseits jedoch hätte er den ganzen weiteren Tag wohl in Schwermut verbracht, was wiederum auf jeden abgefärbt hätte, der ihm begegnet wäre.

Es darf niemals vergessen werden, dass wir selbst gar nichts tun können, sondern lediglich Kanäle sind, durch welche die heilende Kraft fließt. Doch wir können dafür sorgen, dass wir „wasserdichte" Kanäle sind. Der Körper eines Heilers kann mit einem Wasserkrug verglichen werden: Wenn der Krug schmutzig und gesprungen ist, fließt das Wasser hinaus, und das meiste davon geht verloren. Ebenso ist es mit der Heilungsenergie. Es gibt viel, was wir tun können, um uns dieses großen Geschenks wert zu erweisen. Unsere Körper sind die Tempel unseres Geistes, weshalb wir an ihnen wie an „Salomos Tempel" arbeiten sollten. Wie die drei weisen Affen sollten wir „kein Übel sehen, kein Übel hören, kein Übel sprechen". Wir sollten freundlich und liebevoll sein, Gottes frische Luft atmen, so oft wie möglich reine Nahrung essen und Körper und Geist trainieren. Mit anderen Worten: Wir sollten frei von Schwermut sein. Wie bei den alten Eichen sollten unsere Arme als Äste in den Himmel hinaufreichen, während unsere Wurzeln oder Füße fest in die Erde eingepflanzt sind.

Diesen Rat sollten wir auch unseren Patienten geben. In der momentanen Ära zu leben, bedeutet einen ungeheuren Stress. Die uns beim Übergang ins Wassermann-Zeitalter zufließenden Energien können nicht immer aufgenommen werden, weshalb große Teile der Menschheit von Sorgen und der Überreizung ihrer mentalen Fähigkeiten geplagt werden. Ein großer Prozentsatz der Krankheiten der Menschen kann auf Druck und die Unfähigkeit, zu entspannen, zurückgeführt werden.

Wir können dem auf verschiedene Weise begegnen, und eine davon besteht in der Kunst der Meditation. Ein anderer Weg der Stressbekämpfung besteht im Lachen. Welch wichtige Rolle die Komödie doch auf dieser Erde spielt! Während der augenblicklichen, turbulenten Jahre ohne Bosheit lachen zu können bedeutet, Spaß und Vergnügen zu bringen. Heute Morgen hörte ich im Fernsehen, dass der *National Health Service* gerade die erste „Klinik des Lachens" eröffnet hat, um Patienten zu lehren, das Leben nicht so ernst zu nehmen. Oft kommen Menschen mit finsteren und verkniffenen Gesichtern an meine Schwelle, und tiefe Stresslinien laufen von ihren Mundwinkeln nach unten. Sie sehen verloren und ungeheuer müde aus. Mit der Hilfe von Beratung und Heilung versuche ich, sie zumindest wieder zum Lächeln zu bringen. Manchmal sind sie dann sogar in der Lage, richtig zu lachen; dann kann man förmlich sehen, wie die Spannung in ihnen abflaut. Sie verlassen mein Haus mit viel fröhlicheren Gesichtern und sehen viel entspannter aus als zuvor. Es ist also sehr wichtig, sanft über sich selbst lachen zu können. Lachen führt häufiger zu positiven als zu negativen Gedanken, worauf der Körper dann antwortet: Die Schultern werden gerader, und die ganze Gestalt richtet sich auf. Die Sonne scheint wieder!

Das erinnert mich an einen jungen Mann namens David, der eines Montags zu unseren Heilungssitzungen kam. Er litt seit Jahren unter Phobien und hatte einen großen Teil seines Erwachsenenlebens in Anstalten verbracht. David konnte nie sein Haus verlassen, ohne mindestens ein Dutzend Mal zurückzugehen und zu prüfen, ob er das Gas abgedreht, den Wasserhahn zugemacht hatte und Ähnliches mehr. Auch fürchtete er, dass er den Menschen, denen er begegnete, auf irgendeine Weise Schaden zufügen könne. So war er bald ohne Arbeit, ohne Freunde und ohne Hoffnung.

Er kam etwa neun Monate lang zu unseren Heilungssitzungen. Ich versuchte, seine Sichtweise aufzuhellen, aber jedes Mal, wenn er sich setzte, sagte er: „Das hilft mir zwar nicht im mindesten, aber ich bin dennoch gekommen." Allmählich wurden diese Worte zu „Das hilft mir zwar nicht im mindesten, aber ich habe gerade wieder zu arbeiten begonnen". Dann wurde daraus „Das hilft mir zwar nicht im mindesten, aber ich habe begonnen, mit einem Mädchen auszugehen". Als er das letzte Mal kam, sagte er: „Das hilft mir nicht im mindesten, da kann ich genauso gut eine halbe Stunde Tennis spielen." Mit großer Freude schickte ich ihn fort und er ging um Tennis zu spielen, in seinem Beruf weiterzukommen, seine Freundin zu lieben und mit seinem Leben fortzufahren.

Ein Teil des Heilprozesses besteht darin, dass ich meine Patienten immer erst einmal herzhaft umarme, und zwar deshalb, weil ich dies einmal mit einer Dame tat, die daraufhin sofort in Tränen ausbrach. „Sie sind die erste Person, die mich seit zehn Jahren mit auch nur der geringsten Liebe behandelt hat", schluchzte sie. Manche Menschen haben nur sehr wenig physischen Kontakt zu anderen menschlichen Wesen, und viele von uns haben oft Angst, sich lächerlich zu machen, wenn sie einander berühren. Wie unendlich schade, wo doch eine gute Umarmung eine so große Veränderung in unser aller Leben bedeuten kann! Liebe hält die Welt tatsächlich am Laufen. Wie gerne würde ich den Zeitungen sagen: „Lasst uns an einem Tag in der Woche nur über positive und erfreuliche Ereignisse berichten." Wie gerne würde ich ein Fernsehprogramm sehen, welches die Zuschauer lehrt, wie sie Liebe und Licht nutzen können, um glücklich zu werden und die Welt von ihren vielen Problemen zu heilen!

Ich erinnere mich noch sehr gut an Mary, die nur ein einziges Mal an unseren Heilungssitzungen teilnahm. Sie kam sehr aufgeregt an und schien mit ihrem Latein am Ende zu sein. Sie setzte sich mit den Worten: „Sie sind meine einzige Hoffnung. Wenn Sie mir nicht helfen können, mache ich allem ein Ende." Sie war Ende vierzig und hatte während ihrer Jugendjahre „etwas ganz Furchtbares" getan. Wir erfuhren nie, worum es sich bei diesem „Etwas" handelte, doch es war im Laufe der Jahre zu einer geistigen Besessenheit geworden. Sie hatte gerade zum zweiten Mal geheiratet und genoss eine glückliche Beziehung, doch was sie während ihrer Jugendzeit getan hatte, fraß mehr und mehr an ihr. Sie wollte ihrem Ehemann davon erzählen, fürchtete aber dessen Reaktion. Deshalb sprach sie nicht darüber. Wir gaben ihr Heilungsenergie.

Dann hörten wir nichts mehr von ihr, bis sie etwa einen Monat später wieder auftauchte. „Ich bin nicht wegen der Heilungssitzung gekommen", sagte sie, „sondern nur, um Ihnen zu danken." Es stellte sich heraus, dass sie von der Sitzung direkt nach Hause gegangen war und ihrem Mann sofort ihr „furchtbares Geheimnis" mitgeteilt hatte. „Na und?", war seine Antwort. „Das haben viele Leute getan – wozu all der Aufruhr?" Nun war ihr Geist frei und sie selbst war glücklich. Die Heilungssitzung hatte ihr Mut und geistigen Frieden gegeben und ihr eine Einstellungsänderung ermöglicht.

Viele Menschen – vor allem Männer – waren bei ihrer Ankunft bei uns sehr skeptisch. Ein Beispiel dafür ist Arthur. Er konnte kaum laufen; ein Freund half ihm in den Raum hinein. Dann plumpste er auf einen Stuhl und sagte: „Ich glaube nichts von all diesem Unsinn, aber Sie sind meine letzte Zuflucht." Als Diabetiker war Arthur auf hohe Dosen von Insulin angewiesen, das sich in seine Knochen gefressen hatte. Die Schmerzen waren unerträglich, und er erwartete, schon bald an einen Rollstuhl gefesselt zu sein. Die Mediziner konnten nichts mehr tun, um ihm zu helfen.

Während der nächsten sechs Monate kam er regelmäßig jeden Montag zu uns. Sein Zustand verbesserte sich langsam, bis er ohne Hilfe gehen konnte. Dann ließ er eine Blutuntersuchung durchführen, und zu seinem großen Erstaunen waren seine Werte fast wieder normal. Mit fortschreitender Genesung kamen Fragen wie „Wo kommt die Heilung her? Gibt es wirklich so etwas wie Gott?" Sein Geist öffnete sich für neue Gedanken, und sein Leben bekam eine neue Bedeutung. Seine Heilung kam wahrhaftig von der Seelenebene. Als er aufhörte, uns zu besuchen, ging es ihm gut genug, um wieder zu arbeiten und gemeinsam mit einem Freund ein neues Geschäft zu eröffnen. Er war noch immer Diabetiker, hatte die Erkrankung nun aber unter Kontrolle.

Ich habe mich schon immer in hohem Maße für die vielen verschiedenen Heilungsmethoden interessiert. Ich besuchte einen Vortrag mit dem Titel „Heilung im New Age", der von Brenda Johnson gehalten wurde. Ich war so beeindruckt, dass ich regelmäßig nach Havant reiste, um diese besondere Verfahrensweise zu studieren.

Brenda ist ein Mitglied jener Arkana Schule, die auf die Lehren Alice Baileys und der tibetischen Meister zurückgeht und eine Methode der Heilung im Energiefeld über den ätherischen Körper entwickelt hat. Jedes lebende Geschöpf, jede Pflanze und jeder Baum auf diesem Planeten hat einen ätherischen Körper, der die physische Form umgibt. Ohne dieses individuelle Energiefeld könnten wir nicht funktionieren. Wir wären einfach nicht in der Lage, Nahrung aufzunehmen und auszuscheiden, zu gehen, zu denken oder zu sprechen. Tatsächlich wären wir ohne Leben. Jede Krankheit, die sich im physischen Körper manifestiert, muss zunächst im ätherischen Leib erscheinen. Mit dieser Heilungsmethode können Krankheitsanzeichen entdeckt werden, bevor sie unseren dichten Körper erreichen. Wenn der ätherische Leib gesund ist, trifft dies auch auf den physischen zu.

Das ätherische Feld besteht aus Energielinien, die sich in ständiger Bewegung befinden. Dort, wo sich diese Linien kreuzen, liegen die Chakren. Das sind spirituelle Öffnungen, die den ätherischen Körper mit der physischen Gestalt verbinden. Es gibt sieben Hauptzentren, die sich zwischen dem höchsten Punkt des Kopfes und dem unteren Ende der Wirbelsäule befinden und die mit den Hauptdrüsen des endokrinen Systems unseres Körpers verbunden sind, welche sie kontrollieren.

Brenda lehrte uns, die Energie mit den Fingerspitzen aufzunehmen und durch diese Zentren das Fließen zu spüren. Sie lehrte uns auch, wie man diese Energiezentren ausgleicht und so alle Chakren in harmonische Übereinstimmung mit den Hauptdrüsen bringt. Auf diese Weise werden die mit diesen Drüsen verbundenen Organe vitalisiert. Sie lehrte uns, alle Organe des Körpers zu erfühlen, die Eingeweide, die Wirbelsäule und anderes aufzuspüren, und ermöglichte uns so, Beschwerden im ätherischen Feld wahrzunehmen, bevor sie sich im dichten Körper manifestieren.

Brenda Johnson und ihr internationales, einige Mediziner einschließendes Tutorenteam haben jetzt das Hilfswerk *International Network for Esoteric Healing* gebildet (ehemals *International Health Research Network*). Diese Heilmethode wird mittlerweile in 21 Ländern unterrichtet.

Es war eine Zeit des Lernens und der Arbeit auf einer anderen Bewusstseinsebene. Ich wurde mir der Wichtigkeit unseres ätherischen, astralen, mentalen und spirituellen Körpers bewusst und auch, wie sehr diese unser aller Gesundheit und Wohlbefinden beeinflussen. So verursachen zum Beispiel Gefühle wie Ärger, Gier, Neid, Angst usw. Disharmonien innerhalb des Astral- oder Gefühlskörpers, was über das Solarplexuszentrum in die physische Gestalt gespiegelt wird. Dasselbe gilt für das Mentalfeld. Hier werden negative Einstellungen über das Kehlkopfzentrum in den dichten Körper gespiegelt. Es ist wie eine Kettenreaktion, die sich von einer Ebene des Bewusstseins zur nächsten erstreckt. Was für einen Unterschied macht es jedoch, wenn wir positiv denken und uns mit Licht und Liebe umgeben! Dann sieht unser Energiefeld viel heller aus, und unsere Chakren werden wesentlich ausgeglichener.

Seit dieser Lehrzeit bei Brenda habe ich ihre Heilmethode mit äußerst guten Ergebnissen an meine eigene Arbeit angepasst. Es ist wahrhaftig eine Methode des Heilens von der Seele aus. Ich bin davon überzeugt, dass die Menschheit und auch unser Planet Erde sich sehr schnell auf dieses goldene Zeitalter hinbewegt, in dem jedes Atom unseres Körpers von Licht erfüllt und die dichte Materie nur noch eine Erinnerung sein wird.

Kein Kapitel über Heilung ist ohne die Erwähnung des Tierreichs vollständig, auch wenn ich diesem im späteren Verlauf des Buches einen größeren Abschnitt gewidmet habe. Mein ganzes Leben schon liebe ich Tiere. Lange, bevor ich lernte, Menschen zu lieben, konnte ich bereits stundenlang mit meinen Katzen reden. Es ist eine große Freude, mit Tieren zu arbeiten; anders als Menschen sind sie unfähig, irgendeine Art der Barriere oder Blockierung zu errichten. Sie sind noch immer so rein, dass es den Engeln nicht schwer fällt, in ihrer Nähe heilende Aufgaben wahrzunehmen. Kürzlich behandelte ich einen Golden Retriever. Sowie ich läute und er mich auf der Eingangstreppe sieht, rappelt er sich auf und setzt sich im Wohnzimmer an genau jene Stelle, an der ich ihm jede Woche Heilungsenergie gebe. Er genießt meine wöchentlichen Besuche und wendet seinen Körper hierhin und dorthin, so dass ich leicht alle Körperteile erreichen kann, die ihm Probleme bereiten.

Tiere lieben uns ungeachtet unserer Hautfarbe oder unseres Glaubensbekenntnisses. Es kümmert sie nicht, ob wir hässlich, dick, schwarz, weiß oder sogar mit zwei Köpfen versehen sind. Wie schade, dass die menschliche Rasse nicht ihrem Vorbild folgt. Während unserer montäglichen Sitzungen sah ich eine ungeheure Menge in zwischenmenschlichen Beziehungen verursachten Schmerz und Stress. Mehrere Male habe ich einfach den Rat gegeben: „Geh nach Hause und liebe deine andere Hälfte." Abgesehen vom Heilen werden wir oft aufgerufen, als eine Art Kombination aus Eheberater und Samariter tätig zu werden. Fremde werden Ihnen regelmäßig Dinge erzählen, die sie niemandem eröffnen könnten, der ihnen nahe steht. Viele Male hob ich den Telefonhörer ab und verbrachte die folgende Stunde damit, jemandem, den ich niemals treffen werde, dabei zuzuhören, wie er sich eine Last vom Herzen redete. Ich selbst sage nur sehr wenig; ich lasse sie einfach reden, was ihnen hilft, negative Energien loszulassen. Auch das ist Teil des Heilungsprozesses. Üblicherweise beenden diese Menschen das Gespräch mit den Worten „Danke, dass Sie mich reden ließen. Ich fühle mich jetzt viel besser. Ich bin jetzt wirklich wieder sehr ruhig."

Eines Tages kam ein sehr nervöser Mann zu unseren Heilungssitzungen. Offensichtlich hatte er sich zuvor mit einem Drink Mut gemacht und setzte sich nun leicht schwankend auf den Stuhl vor mir. Dann erklärte er mir sehr scheu, dass er bei Verabredungen mit Frauen kein Glück habe. Schließlich stellte sich heraus, dass er impotent war. Mir schoss ein humorvoller Gedanke bezüglich der Stelle, an der ich meine Hände auflegen könnte, durch den Kopf. Ich beruhigte ihn, gab ihm eine allgemeine Heilungssitzung und hoffte, dass die Engel ihn mit einer Antwort versorgen würden. Er kam nicht zur weiteren Behandlung zurück, doch einige Monate später sah ich ihn Arm in Arm mit einem jungen Mann. Ich hatte den Eindruck, dass sein Problem gelöst war und wünschte ihm jedes Glück der Welt. Ist es wirklich von Bedeutung, wie oder wo wir unsere Gefühle zeigen, solange wir wahrhaft lieben?

Auch Drogen- und Alkoholopfer kamen an diesen Montagabenden zu uns, und im Verlauf der Jahre bin ich häufig in Kontakt mit diesen unglücklichen Seelen gekommen. Eines Tages kam ein junger Mann zu mir; er war gebildet und hatte eine sehr gute Stelle in der Gegend von Brighton. Das Problem war jedoch, dass er sich an den Abenden rasch langweilte und über genügend Geld verfügte, um die in diesem Teil von Sussex reichlich vorhandenen Discos und Nachtclubs zu besuchen. Er hatte eine Reihe von neuen Freunden gewonnen, die mit den so genannten „weichen" Drogen zu tun hatten. Er hatte herumexperimentiert und fand das alles sehr aufregend. Während seiner „Trips" hatte er sich gut gefühlt und mit seiner inneren Sicht wundervolle Orte gesehen. Eines Abends – etwa zwei Monate, bevor er zu mir kam – überredeten ihn seine Freunde, es mit LSD zu versuchen. Nach der Einnahme begann er sofort, am ganzen Leib zu zittern und verbrachte die schlimmste Nacht seines Lebens. Er sah grauenhafte Bilder und erlebte die entsetzlichsten Furcht- und Panikgefühle. Er brauchte zwei Tage, um sich von der Drogeneinnahme zu erholen, die ihn niedergeschlagen, zurückgezogen und noch immer von Angst erfüllt zurückgelassen hatte. Diese Gefühle wurden nicht etwa besser, sondern immer schlimmer. Ich begann, mit ihm zu arbeiten und stellte fest, dass sich sein ätherischer Körper vollständig verschoben hatte. Er stand tatsächlich neben seiner physischen Gestalt, anstatt diese zu umgeben, und es überraschte mich sehr, dass er überhaupt noch funktionsfähig war. Es brauchte einige Besuche, doch schließlich schaffte ich es, den ätherischen Körper wieder in seine richtige Lage zu bringen, und er kehrte langsam zur Normalität zurück. Doch selbst nach diesem Schock wollte er wissen, ob es für ihn in Ordnung sei, wenn er weiterhin „Softdrogen" nehme. Ich erklärte ihm, dass sein Energiefeld noch für lange Zeit schwach sein würde und ihn jede weitere Drogeneinnahme unter Umständen töten könne. Ich riet ihm, mit Meditation zu beginnen, sobald er sich wieder stärker fühle, was ihm denselben Auftrieb geben könne, ohne ihn diesen Gefahren auszusetzen. Was ich ihm nicht erzählte, war, dass ihn das LSD mit den niederen Astralebenen in Verbindung gebracht hatte und er deshalb all diese schwarzen Bilder erblicken musste. Dasselbe passiert Alkoholikern auf Entzug, wenn sie Spinnen die Wände hochklettern sehen; ihr ätherisches Feld löst sich ebenfalls und verlässt seinen angestammten Platz.

Zwei Krankheiten, mit denen wir in Southwick nicht in Kontakt kamen, waren Aids und CES (Chronisches Erschöpfungssyndrom). Beide tauchten innerhalb der letzten fünfzehn Jahre auf und sind mit einem Zusammenbruch des Immunsystems verbunden, der die Patienten für andere Leiden anfällig werden lässt. Auch hier sollten wir unser Augenmerk auf den ätherischen Körper richten. Ich habe festgestellt, dass der ätherische Körper bei beiden Erkrankungen sehr schwach ist und nur noch wenig Energie durch die Chakren fließt. Nach dem Ausgleichen und der Stärkung dieses Felds haben Patienten berichtet, dass sie weniger schnell ermüden und eher in der Lage sind, mit ihren Schwierigkeiten fertig zu werden.

Der Tempel der Heilung

Schließen Sie wie in den vorangegangenen Meditationen Ihre Augen und entspannen Sie sich so weit wie nur möglich. Atmen Sie etwas tiefer und beginnen Sie zu spüren, wie Sie von einem warmen, weichen Mantel eingehüllt werden. Dieser Mantel stellt die reine Liebe dar. Er umgibt Sie und erhebt Sie bewusst in die Welt des Lichts und des Geistes.

Wenn Sie sich nun mit Ihrem inneren Auge umsehen, werden Sie sich in einem wunderschönen Rosengarten wiederfinden. Es ist ein warmer Sommertag, und eine sanfte Brise weht Ihnen den Duft der Rosen zu. Wandern Sie eine Weile durch den Garten und bleiben Sie ab und an stehen, um die in vielen Farben erstrahlenden Blüten zu bewundern. Plötzlich werden Sie von einer Rose ganz besonderer Farbe angezogen; halten Sie inne und erblicken Sie das Wunder dieses Gebildes. Sehen Sie die Form der Blütenblätter und die Art, wie sich das Zentrum der Blüte sanft biegt, um das Herz der Blume zu schützen. Auf einem der Blütenblätter befindet sich ein Wassertröpfchen, welches das reine und sanfte Strahlen der Blume widerspiegelt. Die Farbe, in der sich die Rose zeigt, hat eine ganz spezielle, nur für Sie gemeinte Bedeutung. Meditieren Sie eine Weile darüber, und Sie werden den Nutzen der Eigenschaften dieser speziellen Rose empfangen. Halten Sie die Blüte an Ihr Herz, ohne sie abzupflücken. Spüren Sie, wie sich die Rose öffnet, während sich zugleich Ihr Herzzentrum weitet und Wellen der Liebe zu jedem in der physischen Welt lebenden Geschöpf sendet.

In der Mitte des Gartens sehen Sie einen prachtvollen Tempel, dessen Dach zum Himmel hin offen ist. Die Wände leuchten in einem irisierenden Licht, das aus vielen verschiedenen Farben besteht. An der Vorderseite des Tempels befinden sich zwei große Säulen, zu denen breite Stufen führen. Am oberen Ende des Aufstiegs sehen Sie eine weiß gekleidete Gestalt, deren Hände in einer Geste des Willkommens ausgestreckt sind. Dieser Mann bittet Sie, die Stufen hinaufzusteigen und mit ihm den Tempel zu betreten, der eines der vielen Heilungszentren in der Welt des Geistes ist. Oben angekommen, spüren Sie, wie intensive Liebe und Frieden durch Ihren ganzen Körper strömen.

Das Innere des Tempels scheint von einem reinen blauen Licht erhellt, welches sich durch das offene Dach ergießt. In den Wänden bemerken Sie sieben Buntglasfenster, welche die sieben Farben des Spektrums reflektieren. Unter diesen Fenstern befinden sich niedrige, bequeme Liegen, auf welchen sich die Patienten ausstrecken, die zu Heilungszwecken hierher gebracht worden sind. Vergessen Sie niemals, dass Sie jederzeit an diesen Ort zurückkehren und jeden Menschen mitbringen können, der dieser beruhigenden Strahlen bedarf. Hinter den Liegen befinden sich unter den Buntglasfenstern sieben große Engel der Heilung, welche die Farben auf ihre kranken Patienten hinableiten. In der Mitte des Tempels befindet sich ein Altar aus reinem Kristall, der im Licht erglüht, und hinter diesem Altar erscheint Jesus, der große Heiler selbst. Seine Hände sind segnend erhoben, und seine Augen sind von tiefer Liebe und Mitgefühl erfüllt. Er kennt all Ihre Probleme und Schwierigkeiten. Vergessen Sie niemals, dass Sie nicht alleine sind; er wartet immer, um Ihnen Kraft und Trost zu geben. Wenn Sie wünschen, können Sie auf einer Liege Platz nehmen und sich von Licht und Liebe erfüllen lassen, während Sie gleichzeitig aus Ihrem eigenen Herzen heilende Energie zu all den leidenden Menschen in der Welt senden oder auch zu jedem, den Sie persönlich kennen und der in Schwierigkeiten ist.

Wenn Sie bereit sind, den Tempel zu verlassen, steigen Sie die Stufen hinab und gehen Sie wieder in den Rosengarten. Verbringen Sie einen Augenblick damit, über das Gras zwischen den Büschen zu wandern, den Vögeln zu lauschen und die Bienen dabei zu beobachten, wie sie in den Blumen Nektar sammeln.

Sie erkennen nun, dass es Zeit ist, zu gehen. Vor sich sehen Sie nun einen Pfad, der durch ein Tor aus dem Garten hinausführt. Während Sie diesem Pfad folgen, senken Sie langsam Ihre Schwingung ab, bis Sie sich auf Ihrem Platz und der Ihnen bekannten Umgebung wiederfinden. Strecken Sie Ihre Arme aus und spüren Sie Ihre Füße auf dem Boden. Stellen Sie sich vor, dass Sie von einem Mantel aus Schutz und Liebe umhüllt werden. Von heilender Liebe und Frieden erfüllt, welche Ihnen die Kraft geben, jeder Sorge der kommenden Tage oder Wochen zu begegnen, sind Sie einmal mehr bereit, sich der Welt zu stellen.

Durch die Dunkelheit ins Licht

Ich habe lange überlegt, ob ich dieses Kapitel in das Buch aufnehmen soll. Die Meister und meine geistigen Freunde drängten mich jedoch, diese Erfahrungen in Worte zu fassen. Das Ereignis, welches ich im Folgenden mit Ihnen teilen möchte, war das herrlichste und zugleich erschreckendste meines Lebens. Dunkelheit und Licht vereinigten sich, um mir zu zeigen, dass beide nur verschiedene Seiten derselben Münze sind, und dass alles, was geschieht, von Gott wahrgenommen wird.

An irgendeinem Punkt des spirituellen Wegs müssen wir jene Gestalt treffen und überwinden, die auch als der „Hüter der Schwelle" bekannt ist. Dieses Wesen ist die Summe aller negativen Taten, die wir während unserer vielen Leben begangen haben. Auch alles jemals von uns verursachte Leid ist Teil dieses Schattens. In einer unserer Inkarnationen, wenn wir uns stark genug dafür fühlen, müssen wir dieser selbst geschaffenen Vision der Dunkelheit von Angesicht zu Angesicht gegenübertreten. Dies ist nun die Geschichte meiner Begegnung mit meinem eigenen persönlichen „Hüter der Schwelle".

Ich erinnere mich noch sehr deutlich daran, wie vor etwa 23 Jahren alles anfing. Ich litt unter einer schweren Erkältung und erholte mich zu Hause. Damals hatte ich eine sehr schöne und heiß geliebte schwarzweiße Katze namens Willum. Wir befanden uns gerade im Wohnzimmer und genossen jeder des anderen Gegenwart, als die Fernsehsendung, die ich gerade sah, zu ihrem Ende kam. Ich schaltete den Fernseher aus und drehte mich zu meinem Begleiter um. Zu meinem größten Entsetzen fand ich dort anstelle von Willum eine scheußliche schwarze Gestalt mit leeren Augenhöhlen. Zur gleichen Zeit ging unglaubliche Angst wie ein Schock durch mein Sonnengeflecht. Ich schüttelte meinen Kopf, und alles war wieder wie vorher, doch während der nächsten Wochen wurden die Visionen, die ich von dieser unaussprechlichen Gedankengestalt hatte, schlimmer und schlimmer. Ständig durchfuhren Wellen des Entsetzens mein Sonnengeflecht. Zuerst glaubte ich, wahnsinnig zu werden und erzählte niemandem davon. Da es mir an der frischen Luft besser ging, verbrachte ich die meiste Zeit damit, durch die Landschaft und über die Ebene zu spazieren. Meinem Mann konnte ich mich nicht anvertrauen, denn er hätte es nicht begriffen und darauf bestanden, dass ich psychiatrische Hilfe in Anspruch nehme. Bestürzt erkannte ich, dass ich irgendeiner Art von psychischem Angriff ausgesetzt war. Panik erfasste mich.

Währenddessen nahmen die Angriffe stetig zu. Mir wurde klar, dass das Wesen sich von meiner Angst nährte und deshalb größer und größer wurde. Langsam kam ich zu der Schlussfolgerung, dass es zu mir persönlich gehörte und nicht von jemand anderem geschickt worden war. Ich wusste, dass ich selbst damit fertig werden und es auch selbst überwinden musste. Es war mir bewusst, dass all meine geistigen Freunde einen Schritt zurückgetreten waren, weil sie mir nicht helfen durften. Es war, als würden sie mir sagen: „Es tut uns so unendlich Leid, aber du musst diese Dunkelheit ganz alleine überwinden."

Da beschloss ich, mir Rat zu holen. Ich kauerte in Kens und Irenes Haus und rief jeden an, von dem ich glaubte, dass er mir helfen könne. Ich betete am Grab meiner Schwester und verbrachte Stunden in unterschiedlichen Kirchen. Ich erhielt viele verschiedene weise Vorschläge – mich mit einer Schutzpyramide zu umgeben, das Wesen mit Lichtpfeilen zu erschießen, dieses oder jenes zu tun – doch nichts davon war imstande, die Macht dieses üblen Abbilds auch nur um ein einziges Haar zu verringern. Seine Negativität überschattete mich, und nichts, was ich tat, brachte es dazu, seine Klauen aus meinem Bewusstsein zu nehmen.

Schließlich konnte ich nicht mehr schlafen, nicht mehr essen und verlor so viel Gewicht, dass sogar mein Mann Verdacht zu schöpfen begann. Eines Tages fand Peter mich in Tränen aufgelöst vor und wollte wissen, was mit mir los sei. Ich sehnte mich danach, ihm alles anzuvertrauen, fand jedoch die Kraft, lächelnd zu sagen: „Es ist alles in Ordnung, Liebling, ich bin nur überarbeitet." Ich war am Ende meiner Kraft; doch in der folgenden Nacht griffen die Brüder des Lichts ein.

Seit einigen Abenden stellte ich entsetzt fest, dass die dunkle Gestalt ihre Vorgehensweise verändert hatte und nun versuchte, in meinen Verstand einzudringen. Ich wusste, dass jeder Erfolg ihrerseits das Ende meiner geistigen Stabilität für den Rest dieses Lebens bedeutet hätte. Ich erkannte jedoch auch, womit ich es zu tun hatte – in der Tat mit dem „Hüter der Schwelle". Ich wurde nicht damit fertig und wusste auch nicht, wie mir das hätte gelingen sollen. In dieser Nacht ging ich sehr spät zu Bett und lag dann wach neben meinem schlafenden Mann. Gegen zwei Uhr früh startete der Angriff mit den schon vertrauten Schockwellen. Die Dunkelheit kam und begann, meinen Geist zu überschatten. Ich hielt es nicht mehr länger aus. Aus den Tiefen meines Wesens und meiner Seele schrie ich lautlos nach Christus. Wie kann ich nur in Worte fassen, was als Nächstes geschah?

Mein Schlafzimmer füllte sich mit goldenem Licht. Ich erlebte eine überaus intensive Liebe von einer Tiefe, die mir vielleicht nie wieder begegnen wird. Sie umgab und erfüllte mich; ich wurde eins mit dem Licht und der Liebe. Ich war reines Licht und reine Liebe; ich war auf höchster Ebene ein Teil Gottes. Das Böse war verschwunden; es gab weder Vergangenheit noch Zukunft, nur das JETZT und ein Gefühl des erhabenen Wunders sowie einen tiefen, tiefen Frieden. Das goldene Licht war zu einer männlichen Gestalt geworden, die sich Lord Maitreya nannte.

Ich weiß nicht, wie viel Zeit verging, ehe die Gestalt verblasste und das Licht langsam dahinschmolz. Vielleicht war es eine Stunde oder auch nur Sekunden; als die gesamte Ewigkeit in mein Zimmer eintrat, blieb die Zeit stehen. Ich muss glücklich eingeschlafen sein, denn als Nächstes erinnere ich mich daran, dass ich mich in einem Garten voller Blumen, Vögel und Tiere wiederfand. Dort traf ich einen Mönch in brauner Kutte, den von allen geliebten Heiligen Franziskus, und erhielt die Erlaubnis, den Rest der Nacht in diesem wunderschönen Garten im geistigen Reich zu verbringen.

Ich wünschte, ich könnte sagen, dass die Wesenheit am nächsten Morgen beim Aufwachen völlig verschwunden war. Doch sie war noch immer da, wenn auch bei weitem nicht mehr so mächtig. Niemals mehr versuchte sie, meinen Verstand zu überwältigen. Dennoch stellte sie die dunkle Nacht meiner Seele dar, weshalb ich sie überwinden musste. Ich wusste, dass ich diese Aufgabe nun mit neuer Vitalität angehen konnte, denn ich hatte den Schlüssel dazu erhalten. Dieser bestand ganz einfach aus reiner Liebe. So wandte ich mich um und blickte meinem „Hüter" mit Freude und vollkommener Selbstvergebung ins Gesicht. Es ist sehr wichtig, dass man sich selbst für all das Unglück und allen Schmerz, den man verursacht hat, vergeben kann. So löste ich im Verlauf der nächsten Wochen langsam mein eigenes dunkles Abbild, meinen eigenen dunklen Spiegel auf. Die Gedankenformen wurden auf eine höhere Ebene verwandelt, und wo einst negative Energie gewesen war, fand sich jetzt nur noch Licht und Erleuchtung.

Ich hoffe, dass diese Geschichte den Leser nicht verängstigt oder entmutigt. Wenn die Zeit für Ihre Erfahrung gekommen ist, wird diese sich gänzlich von der meinen unterscheiden. Es kann auch durchaus bereits in einer anderen Inkarnation geschehen sein. Ihr „Hüter" wird wahrscheinlich viel leichter zu überwinden sein als meiner, und ich habe Ihnen ja bereits die Kennworte „Liebe und Mitgefühl" gegeben. Ich kann nur noch hinzufügen, dass von jener Nacht an die Energie, die wir als das göttliche Licht kennen, ein Teil meines alltäglichen Lebens wurde. Dieses Ereignis lehrte mich viel und erlaubte mir, auf dem Weg meiner Entwicklung einen großen Schritt vorwärts zu tun.

Nicht lange danach bat man mich wieder, bei der Entfernung eines negativen Einflusses zu helfen. Eine enge Freundin rief mich eines Abends an und fragte, ob ich einer ihrer Arbeitskolleginnen helfen könne. Es stellte sich heraus, dass diese Frau, die wir im Folgenden „Iris" nennen wollen, mit einem Mann verheiratet war, der sich mit den dunkleren Seiten des Okkulten befasste. Er gehörte einer Gruppe an, die spirituelle Energie zur Befriedigung ihrer eigenen Bedürfnisse nutzte und auch, um damit den Geist anderer menschlicher Wesen zu beeinflussen.

Iris machte sich große Sorgen, denn ihr Mann hatte begonnen, sich auf sehr ungewöhnliche Weise zu verändern. Er sagte ihr mehrmals, dass er dabei sei, sich in einen Wolf zu verwandeln. Darüber hinaus war er immer wieder hysterisch und völlig außer sich. Iris versicherte meiner Freundin, dass die Aussagen ihres Mannes eine gewisse Wahrheit in sich bargen. Sie selbst hatte Haare auf seinen Händen wachsen sehen und sagte, dass seine Gesichtszüge immer spitzer und deutlicher zu werden schienen. Außerdem hatte sie aus dem gemeinsamen Schlafzimmer seltsame Geräusche gehört, die sie nur als Heulen beschreiben konnte. Sie war sehr besorgt, dass ihr einziges Kind unter all dem leiden könne.

Ich bat zwei Freundinnen um Hilfe, und gemeinsam setzten wir uns in einen Kreis, reichten einander die Hände und baten die Bruderschaft des Lichts, diesen Mann vor seiner eigenen Dummheit zu retten. Einige Tage später erhielt ich einen Anruf mit der Nachricht, dass Iris überglücklich sei. Als sie in der Nacht, in der wir eingegriffen hatten, zu Bett ging, fiel sie sofort in einen tiefen Schlaf und erlebte einen sehr klaren Traum. Sie sagte, sie habe drei Frauen in einem Kreis sitzen sehen und beschrieb unsere Haarfarben sowie unsere Kleidung. Ihre Erzählung war sehr genau, und ich möchte hinzufügen, dass sie mir nie begegnet war und dementsprechend nicht wusste, wie ich aussah. Sie sagte, ihr Traum habe mit dem Heulen eines Wolfs geendet, das leiser und leiser wurde, bis es in der Ferne verschwand. Später rief sie an, um mir mitzuteilen, dass ihr Mann wieder normal war. Ich hoffe nur, dass er aus seiner Dummheit lernte und damit aufgehört hat, sich mit Mächten einzulassen, die er nicht kontrollieren kann.

Wie eben dargestellt, gibt es ernsthafte Gefahren, die auf jene lauern, die meinen, sie könnten durch die Nutzung negativer Energie Macht gewinnen. Ich bin mehreren traurigen Seelen begegnet, die mit dem Ouija-Brett experimentierten und Bewohner der niederen astralen Ebene angezogen hatten. In psychiatrischen Kliniken gibt es Patienten, die aufgrund ihrer Begegnung mit giftigen Wesenheiten geistesgestört sind. Eine weise Lehrerin sagte mir einst, auf dem spirituellen Pfad sei inneres Gleichgewicht wie ein dreibeiniger Hocker. Um es zu erreichen, müsse man drei Tugenden üben: Weisheit, die mit anderen geteilt wird, Meditation aus dem Herzen und sich in den Dienst der gesamten Schöpfung stellen. Wenn man auf dem Pfad des Lichts wandelt und diese drei Grundsätze befolgt, kann einem nichts Übles widerfahren.

Mittlerweile weiß ich, dass das Üble seinen Ursprung nicht in Gott hat, sondern im Menschen selbst. So, wie es Lichtengel gibt, sind da auch dunkle Engel, und sie überbringen uns unsere Lernaufgaben. Über Luzifer – oder den Teufel, wie die Menschen ihn auch nennen – ist viel Unsinn erzählt worden. In der Morgenröte der Schöpfung war er einer der höchsten Botschafter Gottes, und man sagte, er habe zur Rechten Gottes gesessen. Als der Mensch in seiner frühen Entwicklung jenen Punkt erreichte, an dem er zu einzelnen Individuen wurde und seine Vernunft zu verwenden begann, handelte Gott. Der Mensch erhielt seinen freien Willen und die Erlaubnis, eigene Entscheidungen zu fällen – sei es zum Guten oder zum Schlechten. Nun brauchte Gott jemanden, der die Bürde der Menschen auf sich nahm und ihnen jene negativen Lektionen brachte, die sie für ihre Weiterentwicklung brauchten. Luzifer erbot sich aufgrund seiner Liebe zur Menschheit freiwillig, dieses übergroße Opfer zu bringen. Er verließ seine erhabene Position und begab sich näher zur Menschheit, indem er sein Reich auf der Astralebene einrichtete. Von dort aus hat er seitdem unablässig zum Nutzen der menschlichen Rasse gearbeitet. Seine Armee dunkler Engel hat diesem Planeten einige sehr schmerzhafte, aber notwendige Lektionen gebracht. Interessanterweise nennen wir ihn oft „Satan", und die meisten unserer negativen Erfahrungen erleben wir unter dem Einfluss des Planeten Saturn. Überlegen Sie für einen Augenblick, was für eine Verpflichtung dieser vorzügliche Engel eingegangen ist: Tausende von Jahren lang wird er von genau jenen Menschen geschmäht, verflucht und missverstanden, die er doch so liebt. Wenn Sie Ihr eigenes Leben betrachten, werden Sie erkennen, dass Sie all Ihre Weisheit und Ihren Fortschritt gerade aufgrund der Ihnen unterlaufenen Fehler erwerben konnten. Irgendwann wird die Menschheit ein Entwicklungsstadium erreicht haben, in dem Luzifer nicht länger benötigt wird und in sein spirituelles Zuhause zurückkehren kann, wo er den ihm zustehenden Platz an der Seite Gottes wieder einnehmen wird. Der gefallene Engel Luzifer hat niemals die Gnade Gottes verloren, sondern nur seine Schwingungsfrequenz verringert, um näher an der irdischen Ebene arbeiten zu können. Die Menschen jedoch verursachen in Luzifers Namen große Dunkelheit, wenn sie satanische Gruppen formen und mit dem Ziel, Macht und Reichtum zu gewinnen, furchtbare Rituale ausführen.

Wie ich gerade sagte, wird alles Böse auf der Welt durch Handlungen der Menschen verursacht. Gedanken sind Partikel der Lebensenergie, die sich in Gedankenformen gestalten lässt. Wenn die diesen zugrunde liegenden Gefühle böswillig und verdorben sind, werden sie Wesenheiten von großer Stärke, die sich von der Angst der Menschen oder Nationen nähren. Deshalb werden Sie erkennen, wie wichtig es ist, positive Gedankenformen zu erschaffen. Liebe ist das Schwert, welches wir verwenden müssen, um die Dunkelheit zu zerschneiden, welche die Erde umgibt. Der Mensch hat dieses Chaos verursacht, also ist er auch für die Beseitigung verantwortlich.

Wie ich bereits sagte, handelt es sich bei Gedankenformen um lebendige Energiestrukturen. Genau diese Formen verursachen in manchen Häusern Probleme. Sie sind Schatten vergangener Ereignisse, bei denen leidenschaftliche Gedanken von großer Negativität gestaltet wurden. Deshalb werden in Häusern, in denen ein Mord begangen wurde, „Geister" gesehen, welche die Gestalt des Mörders oder seines Opfers annehmen. Oft zieht es auch Verursacher und Opfer des Verbrechens selbst an jenen entsetzlichen Schauplatz zurück. Einmal in der Dunkelheit gefangen, ist es dem Mörder nicht möglich, den Ort zu verlassen, ehe er seine Greueltat bereut und sein Opfer um Vergebung gebeten hat. Ich bin keine Expertin auf diesem Gebiet parapsychologischer Erscheinungen, doch es gibt eine ganze Reihe guter, starker spiritueller Männer und Frauen, die in der Lage sind, die zur Befreiung solcher Häuser vom Bösen notwendige Austreibungszeremonie durchzuführen.

Joan Fugeman und ich wurden einmal gebeten, einer Frau zu helfen, die in einem Haus hier in der Gegend lebte. Diese Frau, die selbst über keine gute Gesundheit verfügte, nahm in bestimmten Teilen des Hauses eine dunkle Gestalt wahr. Sie sagte auch, dass sie dort den Geruch verrotteten Gemüses riechen könne, was mich sehr misstrauisch machte. Joan und ich gingen durch die einzelnen Räume und kamen beide zu dem Schluss, dass es sich beim hinteren Schlafzimmer um jenen Ort handelte, an dem die negativen Schwingungen am stärksten konzentriert waren. Wir reichten einander die Hände und setzten uns zu stillem Gebet und Meditation nieder. Wir baten die Weiße Bruderschaft, die über die Menschheit wacht, zu uns zu kommen und das Licht des Christus in diesen Raum zu bringen. Wir baten sie darum, die Gedankenform entweder aufzulösen oder, falls es sich um eine Wesenheit handelte, diese ins göttliche Licht zu bringen und von den Banden dieser Erde zu befreien. Nach dem Abschluss des Gebets verließen wir das Schlafzimmer und stellten fest, dass wir beide dieselbe Erscheinung wahrgenommen hatten. Wir hatten einen Mönch in einer dunklen Kutte mit tief in das Gesicht gezogener Kapuze gesehen. Mir schien, dass dieser Mann in einem Klosterleben festgesessen hatte, für das er nicht im mindesten geeignet gewesen war, da er einfach nicht mit den unbeugsamen Beschränkungen und dem Zölibat leben konnte. Als Ergebnis dessen wurde er geistig gestört. Die Gedankenform, die er bei seinem Tod zurückgelassen hatte, war sehr stark und während der folgenden Jahrhunderte an diesem Ort verblieben. Als wir sie befragten, erklärte die Frau, dass sich das Land einst im Besitz eines Klosters befunden habe. Meines Wissens hatte sie danach keine weiteren Probleme mehr, und das Haus war wieder ganz normal.

Verglichen mit einer anderen Gelegenheit, bei der Joan und ich zu einem Bungalow gerufen wurden, wo man intensive Dunkelheit wahrgenommen hatte, war die Sache mit dem Mönch ein ziemlich ungefährliches Erlebnis. Dieses Mal spürten wir unangenehme Schwingungen, sobald wir das Gebäude betraten. Im vorderen Raum standen uns bereits die Haare zu Berge, und wir brauchten all unsere Kraftreserven, um nicht einfach umzudrehen und davonzulaufen. Wieder reichten wir einander die Hände und riefen die Bruderschaft des Lichts an. Wir wurden Kanäle für das reine, weiße Licht der Liebe, das aus dem Herzen Gottes fließt, sandten diese Liebe in jeden Raum und fegten alle üblen Einflüsse hinweg. Nachdem wir unsere Aufgabe beendet hatten, gingen wir in den sonnendurchfluteten Garten hinaus, wo der Bewohner des Bungalows bereits auf uns wartete. Er sagte uns, dass die Vordertür aufgeflogen sei, während wir noch im Inneren arbeiteten, und dass er den dunklen Umriss eines Mannes mit einem großen schwarzen Hund hinausjagen gesehen habe. Wie ich bereits sagte – nichts kann der Macht der Liebe widerstehen.

Wenn ich ein Haus betrete, kann ich oft spüren, wenn in der Familie etwas nicht stimmt. Vielleicht gab es zuvor Krach und Geschrei, oder die Gedanken waren nicht harmonisch. Einen Teil der Schuld daran tragen wohl die Fernsehprogramme. Jeden Abend werden wir im Namen der Unterhaltung mit Gewalt und Unheil versorgt. Wie viel besser wären doch Gedankenformen, wenn es sich bei dem, was wir sehen, tatsächlich um Familienunterhaltung handelte! Wie viel nützlicher wäre es, wenn unsere Programme angenehme Gedanken produzieren würden und unsere nächtlichen Träume nicht von den traumatischen Visionen befleckt wären, die wir auf unseren Bildschirmen beobachten!

Ich habe das Gefühl, mich zum Abschluss dieses Kapitels auch dem Thema Selbstmord zuwenden zu müssen. Manchmal fragen mich aufgewühlte Patienten nach ihren Verwandten, die sich das Leben genommen haben. Was geschah mit ihnen nach ihrem Tod? Hatten sie einen guten Übergang? Sind sie immer noch so unglücklich?

Über diese niedergeschlagenen Seelen, welche die Selbstzerstörung gewählt haben, ist eine Menge Unsinn berichtet worden. Man erzählt uns, dass sie ohne Liebe und Hilfe zurückgelassen werden, um durch die astralen Reiche zu streifen, bis es Zeit für sie ist, wiedergeboren zu werden. Die römisch-katholische Kirche pflegte Selbstmordopfer in einem Akt der Bestrafung in ungeweihter Erde zu begraben. Was für ein Unsinn! Mein Gott ist ein weiser und alles verstehender Gott der Liebe und des Mitgefühls. Er umhegt uns und verdammt uns nicht für unser Scheitern. Er hilft uns dabei, uns wieder aufzurappeln und es noch einmal zu versuchen. Ich bin der Überzeugung, dass Menschen, die Selbstmord begangen haben, nach dem Tod abgeholt, durch den Lichttunnel gebracht und von sorgenden, spirituellen Wesen, die sich für diese Arbeit entschieden haben, mit viel Liebe behandelt werden. Man hilft diesen Menschen, sich mit ihrem Kummer abzufinden und nach dem Tod denselben Weg zu gehen wie wir anderen auch. An einem bestimmten Punkt ihrer Reise müssen sie mit ihrer Unfähigkeit, das vergangene Leben weiterzuführen, Frieden schließen. In einer zukünftigen Reinkarnation wird man von ihnen verlangen, sich derselben Prüfung erneut zu stellen; dann werden sie hoffentlich genug Kraft zur

Überwindung ihrer Schwäche haben. Ich glaube, dass uns allen dies während eines unserer Leben passiert ist; deshalb sollten wir niemals das Unglück einer anderen Person verurteilen oder kritisieren.

Menschen, die an Selbstmord denken, haben einen Punkt erreicht, an dem sie von ihrem eigenen Scheitern besessen sind. Sie sind immer in höchstem Maße negativ und ziehen daher Gedankenformen von ähnlicher Dunkelheit an. Diese Formen werden stärker und stärker, bis der arme, leidende Mensch zu schwach ist, um zu widerstehen und seinem Leben ein Ende setzt. Ein freundliches Gesicht oder eine liebe Stimme hätten vielleicht einen großen Unterschied gemacht und die Kette der negativen Gedanken durchbrochen. Das ist einer der Gründe, warum die Samariter so wunderbare Dienste leisten; sie sind immer da, wenn man sie braucht.

Wie die meisten Heiler habe auch ich Patienten, die daran denken, sich das Leben zu nehmen. Ich ermutige sie immer, mich anzurufen, wenn sie sich besonders schlecht fühlen, mag es am Tag oder in der Nacht sein. Besonders froh war ich, dies einer jungen Frau gesagt zu haben, die gerade sehr schlechte Zeiten durchmachte und drohte, sich umzubringen. Eines Nachts rief sie von einer Telefonzelle aus an. Sie konnte kaum sprechen, ihre Worte waren sehr undeutlich und ergaben kaum einen Sinn. Als ihre Stimme schwächer und schwächer wurde, fand ich heraus, dass sie in einer Telefonzelle in der Nähe ihrer Wohnung war. Ich rief sofort die Polizei an und alarmierte auch einen Notarztwagen. Mein Mann fuhr uns schnellstens zu dem Ort, von dem aus sie angerufen hatte. Als wir ankamen, hatte man sie bereits ins Krankenhaus gebracht, wo man ihr Leben noch retten konnte. Heute ist sie sehr glücklich, zufrieden und hat alles, wofür es sich zu leben lohnt.

Ich vertraue darauf, dass dieses Kapitel keine schwermütige Stimmung hinterlässt, denn ich hoffe, dass Sie das Licht und die Liebe durch jede Seite schimmern sehen und erkennen werden, dass von dem Augenblick an, wo Sie Ihre Füße auf den Weg des Lichts setzen, keine Situation jemals wieder hoffnungslos sein kann. Mit der Unterstützung der dunklen Engel tat ich einige sehr große Schritte vorwärts auf meiner spirituellen Reise.

Trittsteine und Felsen

Während Sie sich sanft auf Ihrem Platz entspannen und ein wenig tiefer atmen, erkennen Sie, dass Ihr Schutzengel hinter Ihnen steht. Er hüllt Sie zart in seine Lichtschwingen und hebt Sie im Bewusstsein hinauf in die geistige Welt.

Als Nächstes blicken Sie über ein kleines, malerisches Tal zu einem im Sonnenlicht glitzernden See hin. Ein Weg verläuft zwischen Feldern mit reifem, gelbem Mais, der in der sanften Brise in Wellen wogender Pracht hin und her schwankt. Während Sie zwischen den goldenen Weiden diesen engen Weg entlanggehen, hebt sich Ihre Stimmung. Ihr Herz wird leicht und gute Laune erfüllt Sie. Die Vögel zwitschern und die Sonne scheint warm und heilend auf Sie herab.

Sie nähern sich dem See und sehen, dass an seinem gegenüberliegenden Ufer von einigen vorspringenden Felsen ein Wasserfall herabstürzt. Setzen Sie sich für eine Weile hin, um einfach nur die Schönheit der Szene zu genießen und das Wasser zu beobachten, wie es in den See fällt und dort kleine Kräuselwellen über die ganze Oberfläche schickt. Sie bemerken, dass sieben Trittsteine einen Gehweg zum gegenüberliegenden Ufer bilden. Jeder Stein steht für ein anderes spirituelles Bestreben. Treten Sie auf den ersten, und nehmen Sie die Essenz seiner Lehren in Ihr Bewusstsein auf. Die sieben Trittsteine beinhalten die folgenden Disziplinen:

1. Reinheit der Gedanken:
   Lernen Sie, für die gesamte Menschheit Liebe zu empfinden, ohne zu kritisieren oder zu tadeln. Umgeben Sie mit diesen schuldlosen Gedanken reinigend und heilend die ganze Welt.

2. Weisheit:
   Lassen Sie diese Erleuchtung aus Ihrem Herzen zu allen Staatsmännern jedes Landes des Erde fließen, und bringen Sie auf diese Weise allen Menschen Freiheit.

3. Macht:
   Lassen Sie spirituelle Stärke zu allen Staatsmännern fließen, damit die Wahrheit siegen möge.

4. Vergebung:
   Bitten Sie um Mitgefühl und Verzeihung für all das Üble
   in der Welt, auf dass es in Liebe verwandelt werden möge.

5. Heilung:
   Umgeben Sie die Erde mit der erneuernden Farbe Gold
   und bitten Sie darum, dass die Ozonschicht regeneriert
   werden möge.

6. Positives Wirken:
   Beten Sie dafür, dass die Gedanken aller Menschen auf
   der Welt konstruktiv und wohltuend werden.

7. Liebe:
   Lassen Sie diese Segnung aus Ihrem Herzen zu allen Geschöpfen und der Erde selbst fließen.

Nun sind Sie am anderen Ufer des Sees angekommen und stehen
neben dem Wasserfall. Während Sie zusehen, wie sich der Wasser-
bogen in den See ergießt, bemerken Sie, dass er alle Farben des Regenbogens enthält. Treten Sie unter diese natürliche Dusche, so dass
sich die heilenden Farbtöne über Sie ergießen, Sie erfrischen und jedes Atom Ihres Wesens reinigen können. Setzen Sie sich dann für
eine kurze Zeit ans Ufer und lassen Sie Ihren Körper in der Wärme
dieses Sommertages trocknen.

Wenden Sie sich nun dem Hügel zu, der sich hinter dem Wasserfall verbirgt. Ein kleiner Pfad führt an seiner Seite hinauf. Dies ist
das nächste Stadium Ihrer Reise. Der Weg ist recht eng, und es fällt
Ihnen schwer, auf dem Pfad zu bleiben. Zwischen Ihnen und dem
Gipfel des Hügels können Sie sieben große Felssteine erkennen, die
entweder für Menschen stehen, die Ihrer Vergebung bedürfen, oder
für Sterbliche, die Ihnen vergeben wollen.

Dieser Teil der Meditation kann einige Zeit in Anspruch nehmen. Jedes Mal, wenn Sie an einem Stein stehen bleiben und den Menschen, die Sie an deren Stelle setzen, Vergebung gewähren oder von ihnen empfangen, wird der Fels zur Seite gerollt. Unter Umständen müssen Sie die Meditation mehrmals durchführen, bis der Pfad vollständig freigeräumt ist.

Wenn alle Hindernisse entfernt worden sind, können Sie rasch zur Spitze des Hügels hinaufsteigen. Nun stehen Sie oben und betrachten die wundervolle Aussicht zu beiden Seiten, während die Strahlen der Sonne auf Sie herabströmen. Diese Strahlen sind das Licht des Christus, das aus den geistigen Reichen kommt und Ihnen Erlösung sowie vollständigen Frieden des Geistes bringt. In der Vergebung wird auch Ihnen wahrhaft vergeben werden.

Das Bild verblasst, und Sie wandern wieder an den wogenden Maisfeldern entlang, zurück zu dem Ort, wo alles begann. Es war eine Reise des Verstehens und der Erfüllung.

Atmen Sie nun ein wenig tiefer und stellen Sie fest, dass Sie wieder in Ihre vertraute Umgebung zurückgekehrt sind. Stellen Sie sich Ihren physischen Körper vom Licht des göttlichen Schutzes umgeben vor. Öffnen Sie Ihre Augen und kehren Sie zurück in das Hier und Heute.

Die White Eagle Gemeinschaft

Nach meinen Erlebnissen mit den Mächten der Dunkelheit hatte ich das Bedürfnis, mir eine spirituelle Grundlage zu verschaffen. Dieser Wunsch wurde mir rasch erfüllt, und schon bald nahm ich zum ersten Mal an einem öffentlichen Gottesdienst der White Eagle Gemeinschaft teil.

Der Gottesdienst wurde in einer Kirche der Unitarier abgehalten, und als ich durch die Tür trat und mich niedersetzte, kam ein Gefühl von Frieden und tiefer Ruhe über mich. Während der Zeremonie schienen mir die Gesichter bestimmter Menschen dort sehr vertraut zu sein, und ich wusste, dass ich endlich „nach Hause gekommen" war. Von diesem Tage an wurde die White Eagle Gemeinschaft meine spirituelle Familie und mein Ruheplatz. Denjenigen, die noch nichts über diese wundervolle heilende Kirche wissen, werde ich zu erklären versuchen, wie sie gegründet wurde und warum man ihre Botschaft der Liebe und Hoffnung seitdem in viele andere Länder der Welt trägt.

Angespornt von der Weißen Bruderschaft in der geistigen Welt wurde die White Eagle Gemeinschaft 1936 von Grace und Ivan Cooke gegründet. Grace war das Medium eines Geistführers namens White Eagle. White Eagle bedeutet „weiser Lehrer", was eine sehr treffende Beschreibung ist, weil seine durch Grace übermittelten Bücher eine Tür in die Wunder eines anderen Reichs des Lebens öffnen. Man wird inspiriert und auf eine höhere Bewusstseinsebene angehoben. Es gibt kaum eine Seite in seinen Schriften, die nicht das Wort LIEBE enthält. Seine Lehren sind sehr einfach und zugleich doch so überaus tiefgründig. Hier wird uralte Weisheit lebendig, und der Sinn des Seins erklärt. Die guten und negativen Ereignisse im eigenen Leben beginnen plötzlich, einen Sinn zu haben. Man kann dann auf seine Vergangenheit zurückschauen und den roten Faden erkennen, der uns an den gegenwärtigen Punkt in unserer Inkarnation gebracht hat. Diese Lehren sind die Grundlagen und Ecksteine der Gemeinschaft. Sie ist ein

Ort des Dienens und der Heilung für den Menschen, für die vier Reiche der Natur und für Mutter Erde selbst. Einer der Gründe, warum die Bruderschaft des Lichts die White Eagle Gemeinschaft manifestiert hat, besteht darin, der Menschheit bei der Überwindung all der Prüfungen und Schwierigkeiten zu helfen, die dem Übergang ins Wassermann-Zeitalter vorausgehen. Die Gemeinschaft erfüllt nicht nur diesen Zweck, sondern geht darüber weit hinaus. Ihr Licht scheint in die dunkelsten Regionen der Erde, segnet alle, verdammt niemanden; und hilft überall in der Welt, die Schwachen und Hilflosen spirituell zu beschützen und zu verteidigen.

Nachdem Grace und Ivan Cooke ihre Arbeit vollendet hatten, gingen sie friedvoll in die geistige Welt hinüber. Heute befindet sich die Gemeinschaft in den sicheren Händen ihrer Töchter Joan und Ylana, die ihrerseits von ihren Kindern Jenny, Jeremy und Colum unterstützt werden. Die gesamte Familie einschließlich der Ehemänner, Ehefrauen und Enkel hat ihr Leben der Fortführung der Lehren gewidmet. Ich empfehle meinen Lesern, an einem der Gottesdienste in Liss oder London teilzunehmen und selbst die Schönheit und pure Magie der Schwingungen dieser beiden Tempel zu erleben. Die vollständige Geschichte dieser Kirche und das Wachstum ihrer Zentren wird in der Veröffentlichung *Vom Wirken der Weißen Bruderschaft. Die Geschichte der White Eagle Glaubensgemeinschaft* wiedergegeben.

Wenn es Zeit für uns wird, einen weiteren Schritt vorwärts auf unserem spirituellen Pfad zu gehen, werden wir oft in bestimmte Situationen geführt. Mir geschah dies, kurz bevor ich mit den White Eagle-Schriften in Berührung kam. Ich führe keine Astralprojektionen durch und habe auch keine „außerkörperlichen Erfahrungen", erlebe jedoch etwas, das ich als „Wanderträume" bezeichne. Dann werde ich mir unmittelbar, nachdem ich eingeschlafen bin, eines Führers bewusst, der bei mir ist. Er leitet mich in verschiedene Bereiche der geistigen Welt und bleibt dort bei mir. Wenn ich nach solchen Träumen erwache, kann ich mich an jedes einzelne Detail erinnern, und die Erinnerung verlässt mich auch später nicht. Meiner Ansicht nach geschieht dies nur, wenn ich etwas lernen muss oder wenn ich kurz davor bin, einen weiteren großen Schritt auf meinem Weg ins Licht zu machen. Am Abend eines solchen Ereignisses ging ich früh ins Bett und schlief rasch ein. Ein Freund aus der geistigen Welt wartete bereits auf mich, und wir reisten an einen Ort, der von strahlendem Leuchten und herrlichen Farben erfüllt war. Ich fand mich vor einem strohgedeckten Landhaus wieder, das wie ein Motiv auf einer Postkarte aussah. Der Garten war von wild wachsenden Blumen erfüllt, und um die Tür rankten sich Rosen. Die glänzenden Scheiben der Rautenfenster ließen das Sonnenlicht ein. Ich klopfte an die Tür; ein älterer Herr mit grauem Haar öffnete mir. Er hatte ein wundervolles Lächeln und freundliche Augen. Seine Kleidung war altmodisch und an seinen Füßen trug er braune Pantoffeln. Mein Blick wurde davon angezogen, und ich fragte mich, ob er wohl nur dieses eine Paar Schuhe habe.

Er hieß mich willkommen und führte mich in sein helles Wohnzimmer. In einem Sessel saßen eine getigerte und eine schwarze Katze, die sich streckten und ihre Köpfe in der Hoffnung hoben, gestreichelt zu werden. Da ich Katzen innig liebe, fühlte ich mich hier sofort heimisch. In der Mitte des Raums stand anstelle eines Tisches ein großer Flipper-Automat. Mein grauhaariger Freund lud mich zu einem Spiel ein. Die dafür verwendeten schwarzen und weißen Bälle wurden mit einem silbernen Schläger in Bewegung versetzt. Einige Bälle landeten auf hohen Zahlen, andere auf niedrigen, und manche rollten wieder an den Ausgangspunkt zurück. Nachdem ich mein Spiel beendet hatte, erklärte der ältere Herr, das Spielbrett stehe für meine vergangenen Leben. In einer ganzen Reihe meiner Inkarnationen war ich in der Lage gewesen, eine hohe Punktzahl zu erreichen. Das war gut, doch in anderen hatte ich nur niedrige Ergebnisse erlangen können. In einigen Leben waren meine Bälle einfach zurück zum Ausgangspunkt gerollt, und ich musste noch einmal von vorne beginnen.

Der freundliche Herr nahm die Kugeln aus dem Spielbrett und legte sie in einen Kasten zurück, der wie eine Seemannstruhe aussah. Ich bemerkte, dass viele Kugeln weiß glänzten, andere jedoch schwarze Flecken hatten. Mein Freund erklärte mir, dass dies für meine Seele auf dem Weg zurück zu Gott stehe. Ich antwortete, dass ich angesichts der schmutzigen Bälle wohl noch einen langen Weg zu gehen habe. Er jedoch lachte und legte seinen Arm um meine Schultern, um mich zu der Truhe zu führen, welche die Bälle enthielt. Er schloss den Deckel und zeigte mir die Oberseite, die mit Perlmutt besetzt war und so hell erstrahlte, dass mir beim Hinsehen die Augen weh taten. So, sagte er, würde meine Seele einst am Ende meiner Reise aussehen. Er hatte mir Einblick sowohl in die Vergangenheit als auch in die Zukunft gegeben. Ich fühlte mich sehr demütig, weil die Herren des Karma höchstpersönlich ihr Einverständnis für dieses Ereignis gegeben haben mussten. Man hatte mir einen kurzen Blick auf die Herrlichkeit meines eigenen Aufstiegs erlaubt, wenn meine Seele mit dem Geist eins werden wird. Dann begleitete mein älterer Freund mich zur Tür des Landhauses, wo mein Führer bereits auf mich wartete. Wir winkten einander zum Abschied zu, und als Nächstes erinnere ich mich daran, wie ich in meinem physischen Körper erwachte, um frisch in einen neuen Tag zu starten.

Kurze Zeit nachdem ich der Loge in Crowborough beigetreten war, besuchte ich eines Abends den Tempel in Liss. Ich hielt am Bücherstand an, der sich gleich in der Eingangshalle befindet. Vorne am Tisch war ein Bild von White Eagle aufgestellt, und mir blieb vor Schreck fast das Herz stehen. Das Gesicht, in das ich schaute, war das meines älteren Herrn in Pantoffeln. Dank sei dir, mein weiser Mentor. Ich weiß, dass ich mit deiner Hilfe eines Tages den Gipfel erreichen werde, und dann wird sich eine noch herrlichere Zukunft vor mir erstrecken.

Während meiner Jahre in den Logen von Crowborough und Brighton wurde ich mit vielen Freunden gesegnet. Zwei dieser Begleiter standen bei jenem ersten Gottesdienst, an dem Sheila und ich teilnahmen, auf dem Podium: Jean Le Fevre und Avis Sheppard. Jean hatte die Tochterloge in Crowborough gegründet und arbeitete dort viele Jahre voller Freude. Bald nachdem ich Mitglied wurde, trat sie ihr Führungsamt ab und ging nach Amerika. Seitdem hat sie die Botschaft von White Eagle in ganz Amerika, Kanada, Mexiko und Japan verbreitet. Heute ist sie die spirituelle Mutter Kanadas und Amerikas. Der dritte Tempel wurde auf ihrem Grundbesitz in Montgomery (Texas) gebaut.

Eines Tages auf dem Horne-Hof in Crowborough traf ich Joan Fugeman zum ersten Mal. Wir wurden rasch feste Freundinnen und waren in der Gemeinschaft bald schon als die „schrecklichen Zwillinge" bekannt. Wir haben mehrere Inkarnationen gemeinsam erlebt, von denen ich einige in einem späteren Kapitel erwähnen werde. Etwa sechzehn Jahre lang arbeiteten wir in der Crowborough-Gemeinschaft und in deren Loge. Während dieser Zeit waren wir in den Andachten, im Unterricht und bei den Meditationen behilflich. Noch heute leite ich einen aus dieser Zeit stammenden Fernheilungskreis für Tiere, und Joan arbeitet nach wie vor alleine von zu Hause aus an dieser Aufgabe. Ich habe erkannt, dass ich immer dann, wenn ich einen Vortrag halte, von einem Mitglied der Weißen Bruderschaft geführt werde. Ich nehme dann genau wahr, was ich tue und sage, aber es handelt sich dabei nicht um meine eigenen Worte. Für kurze Zeit nehme ich sozusagen auf dem Rücksitz Platz und danke dem weißen Bruder aus ganzem Herzen, denn ohne seine Hilfe wäre meine Arbeit nicht möglich.

Ich erinnere mich noch gut, wie sehr ich diese Weisung brauchte, als ich vor einigen Jahren während eines Sonntagsgottesdienstes auf dem Podium stand. Ich wollte gerade ein Gebet für die Menschheit beginnen, als die Haupttür der Kirche aufsprang und etwa fünfzehn sehr schmutzig aussehende Hippies eindrangen. Ich begrüßte die Tatsache, dass es sich um junge Leute handelte, und hoffte, sie würden Vergnügen an der Andacht finden. Also wies ich sie zu den hinteren Sitzen und fuhr mit der Zeremonie fort. Es wurde jedoch schnell offensichtlich, dass die jungen Leute nicht zum Beten gekommen waren. Es gab einige Buhrufe, und die Atmosphäre wurde bald sehr unruhig. Als wir zum Vaterunser kamen, das wir üblicherweise singen, erkannte ich, dass ich sie irgendwie dazu bringen musste, zu gehen. Es gab einfach keine Möglichkeit mehr, den Gottesdienst in Ruhe und Frieden weiterzuführen. Ich fürchtete jedoch, dass die Gruppe die Stühle zertrümmern und ein vollständiges Chaos verursachen könne, wenn ich irgendetwas sagen oder tun würde, das sie als beleidigend empfänden. So sandte ich einen stillen Gedanken nach oben und öffnete meinen Mund. Dann hieß ich sie willkommen, erklärte ihnen aber, dass es sich bei uns um eine Kirche der Heilung handele und wir Stille benötigten, um die Zeremonie durchzuführen. Wenn es ihr

Wunsch sei, könnten sie teilnehmen, doch wenn es ihnen nicht möglich sei, sich respektvoll zu verhalten, sollten sie doch bitte still den Raum verlassen. Das Wunder geschah; sie erhoben sich aus ihren Sitzen und gingen geordnet durch die Tür. Einer von ihnen drehte sich sogar um und entschuldigte sich bei mir. Ich wünschte ihnen alles Gute und sprach die Einladung aus, zurückzukommen, wenn sie sich wirklich für unsere Lehren interessierten. Die Situation war gerettet, und wir konnten dank der Hilfe des Reichs der Engel und unserer Beschützer den Rest des Nachmittags genießen.

Mittlerweile engagieren Joan und ich uns nicht mehr in Crowborough und Brighton, weil unsere spirituelle Arbeit uns in andere Richtungen geleitet hat. Meine Pflichten führen mich heute vermehrt ins Ausland, was auch Thema eines weiteren Buchs sein wird, welches ich gerade vorbereite. Ich werde jedoch niemals vergessen, wie viel ich der Gemeinschaft verdanke, und ich danke ihr aus tiefstem Herzen für all die Weisheit, die ich aus White Eagles Worten erfuhr. Während meiner Jahre in der Loge wuchs mein Herzzentrum und erweiterte sich in der Liebe für meine Mitmenschen. Ich begriff die Bedeutung der Einheit und erkannte, dass wir alle aus demselben Guss sind und von derselben Hand Gottes geformt wurden. Von allen Helfern der Gemeinschaft wurde ich unterstützt und erweiterte mein Wissen als Kanal der Heilung. Mit Hilfe heilender Engel lehrte man uns, vor der Kontaktheilung Stauungen im ätherischen Feld aufzulösen. Man ermunterte uns, unsere innere Sicht zu verwenden, um Farben dorthin zu dirigieren, wo sie Schmerzen lindern und dem Patienten Erleichterung bringen können.

Vor etwa zehn Jahren befanden Joan und ich uns in der glücklichen Lage, Jean Le Fevre in Texas besuchen zu können. Der Hauptzweck unseres Besuches bestand darin, bei der Büroarbeit zu helfen, doch bald schon verwandelte sich das Ganze in die denkwürdigste Reise, die ich jemals unternommen habe. In einer alten Ausgabe des Mitteilungsblattes von Crowborough fand ich einige Worte des heiligen Franziskus, die Jean dort veröffentlicht hatte und Ihnen einen Einblick in die Fähigkeit zum Mitgefühl dieser sehr hoch entwickelten Seele geben können.

Der Herr gebe euch Frieden, doch wenn ihr mit euren Worten den Frieden ausruft, müsst ihr einen noch viel größeren Frieden in euren Herzen tragen.

Reizet keinen zum Zorn oder schockieret ihn, sondern ermutigt mit eurer Sanftheit alle Menschen zu Frieden, gutem Willen und gegenseitiger Liebe.

Denn unsere Berufung ist es, die Verletzten zu heilen, die Verstümmelten zu pflegen und jene heimzuleiten, die ihren Weg verloren haben, denn viele, die heute die Kinder des Teufels zu sein scheinen, werden dennoch zu Jüngern des Herrn werden.

Doch ehe wir auch nur damit beginnen konnten, irgendwelche Büroaufgaben zu übernehmen, brachte man uns gleich nach unserer Ankunft in Houston zu einer außerordentlichen Versammlung der amerikanischen Indianer. Viele Jahre zuvor war Jean von Twylah Nitsch eingeladen worden, das Heimat-Reservat des Seneca-Stamms zu besuchen. Twylah war die Stammesmutter der Wolf Medicine Gemeinschaft und Großmutter vieler Lehrer, Heiler und Medizinleute. Schließlich erwies man Jean die große Ehre, sie in den Seneca-Stamm einzuführen und schenkte ihr eine ganz besondere Feder, die sie, wie man ihr sagte, mit der Vereinigung der Völker in Verbindung bringen würde. Und genau dies geschah auch, als Twylah Jahre später alle Ältesten zusammenrief, um ihr Volk beim ersten Friedens-Ältestenrat im Cattaraugus-Reservat zu vertreten. Bei dieser Versammlung wurde Jean zur Ältesten geweiht, womit sich die Prophezeiung erfüllte, die sie so viele Jahre zuvor bei der Übergabe der Feder erhalten hatte.

Die zweite Friedenskonferenz namens Wolfsong II wurde auf der Thunder-Horse-Ranch in Texas abgehalten. Zu dieser erstaunlichen Versammlung waren Joan und ich eingeladen worden, um Jean als Helfer zu unterstützen. Drei Tage lang sahen und hörten wir zu, als Älteste von überall auf der Welt eingeweiht wurden. Es waren Menschen aus allen Ländern und Rassen, die man für ihre Bemühungen ehrte, Mutter Erde Frieden zu bringen. Joan und ich trafen und sprachen mit Azteken, Maoris, Mexikanern, Deutschen, Aborigines und

Einwohnern vieler anderer Kulturen. Jeder von ihnen war aus demselben Grund gekommen, nämlich um sich im Interesse der Menschheit und unseres so gründlich missbrauchten Planeten zu treffen und zusammenzuschließen. Wir nahmen an überaus erhebenden Meditationen teil und hörten den Ältesten stundenlang bei ihren lebhaften Vorträgen und Gesprächen zu. Natürlich waren einige davon in fremden Sprachen und mussten übersetzt werden. Wir erlebten die indianischen Menschen als sehr freundlich und überaus höflich – sogar dann noch, als Joan und ich es schafften, uns auf die falschen Stühle zu setzen, nämlich jene, die für die Ältesten reserviert waren! Die Zugänglichkeit und gute Laune von Thunder und ihrem Ehemann Horse, den Rancheigentümern, trug viel dazu bei, dass Wolfsong II ein glänzender Erfolg wurde.

Die Vorbereitungen für die Konferenz waren von gewaltigen Unwettern und strömendem Regen beeinträchtigt worden, was kurz vor unserer Ankunft eine Überflutung ausgelöst hatte. Dazu kamen Temperaturen von um die 38 Grad Celsius, was uns das Leben doch recht ungemütlich machte, doch die Helfer spendeten in stiller Übereinstimmung einige Paar Gummistiefel und begannen, alle überfluteten Bereiche mit so viel Stroh abzudecken, wie sie nur tragen konnten. Da ließ der Regen nach, und die Sonne kam heraus, um während der gesamten drei Konferenztage auf uns herabzuscheinen. Sowie die Versammlung beendet war, kehrten Blitz und Donner wieder; man sagt ja, die amerikanischen Indianer hätten Kontrolle über das Wetter.

Die Trommeln waren während der Konferenz wichtige Ritualgegenstände. Der rhythmische Klang dieser Instrumente war Tag und Nacht zu hören und brachte uralte Erinnerungen zurück. Ich wurde wieder jung und mutig und rannte geräuschlos durch die Wälder, durch deren Bäume das Sonnenlicht schimmerte, das auf dem Pfad ein Band aus Licht bildete. Die Tiere waren meine Freunde, Wind und Wasser meine Musik und die Erde meine Lehrerin.

Am zweiten Tag unseres Besuchs erblickten Joan und ich ein Artefakt, von dem wir bisher nicht geglaubt hatten, dass wir es jemals mit unseren physischen Augen würden betrachten dürfen. Eine der neu ernannten Ältesten, die mit Edelsteinen handelte, brachte einen

Kristallschädel mit. Wie er in ihren Besitz geraten war, weiß ich nicht. Man stellte ihn auf einen erhöhten Tisch und lud uns alle ein, dieses Wunder uralter Handwerkskunst genau zu betrachten. Bisher wurden nur vier dieser Schädel ausgegraben, und man fand sie alle in jener Gegend, von der angenommen wird, dass sich die uralte Zivilisation von Atlantis einst dort befunden habe. Einer davon liegt im Britischen Museum, wird jedoch nur sehr selten ausgestellt. Man sagt, sie seien „Schicksalsschädel" und brächten Tod und Unglück. Doch der wundersame Gegenstand, den wir betrachten durften, verfügte über eine überaus großmütige Schwingung. Der Schädel war aus einem einzigen Kristall geschnitten. Der Kieferknochen war eingehängt, so dass sich der Mund öffnen und schließen konnte. In den Schädel hatte man Kammern und Kanäle gebohrt; wenn man eine Kerze dahinter stellte, wurde das Licht zu den Augenhöhlen geleitet, in denen nun flackernde Flammen zu leuchten schienen. Die optischen Verhältnisse sind derart genau umgesetzt worden, dass wir sogar mit all unserer modernen Technologie nicht in der Lage wären, sie nachzubauen. Als ich dieses Kunstwerk anblickte, bekam ich das deutliche Gefühl, dass der Schädel sich gut unterhielt. Er war hocherfreut über all unsere Schwärmerei und wünschte, uns zu Diensten zu sein. Man nimmt an, dass diese Schädel Transmitter sind, die der Menschheit uraltes Wissen und vergangene Erinnerungen zurückbringen. In meinem Fall trifft das mit Sicherheit zu. Seit meiner Rückkehr nach England hat man mir in vergangene Inkarnationen in den Tempeln von Atlantis Einblick gewährt. In einem späteren Kapitel werde ich zwei dieser vergangenen Leben beschreiben, wie sie mir in der Meditation dargestellt wurden.

Am Ende unseres Besuchs verabschiedeten Joan und ich uns von unseren indianischen Freunden und kehrten mit Jean nach Montgomery zurück. Der Bauplatz für den White Eagle-Tempel dort war bereits vorbereitet worden, und auch die Sockel hatte man schon angelegt. Bald schon waren wir froh, Jean zu Hilfe gekommen zu sein, denn wir merkten schnell, wie hart diese entschlossene Frau für die Bruderschaft des Lichts arbeitete. Als spirituelle Mutter von Amerika und Kanada hat sie eine monumentale Arbeitslast zu bewältigen. In Verbindung mit der Verantwortung für den Bau des Tempels hätte dies eine andere Person verzagen lassen. Auch heute wird sie zwar von Vertretern des Tempels in Liss unterstützt, und darüber hinaus arbeitet sie mit einer sehr loyalen Gruppe, doch die schlussendlichen Entscheidungen werden immer von ihr selbst getroffen. Joan und ich verließen Amerika mit großem Bedauern. Wir vermissten die Gastfreundschaft und Großzügigkeit der Texaner, die wir als so warmherzig und liebenswert erlebt hatten.

Eins mit allem Leben

Machen Sie es sich auf Ihrem Platz bequem, bevor Sie mit der Meditation beginnen. Entspannen Sie sich, schließen Sie die Augen und stellen Sie sich vor, dass Sie von unsichtbaren Armen in die Welt des Lichts hinaufgehoben werden. Am Anfang dieses Buchs haben wir die Höhle im Inneren des Hügels besucht, die für Ihr Herzzentrum steht, und heute kehren wir an diesen Ort zurück. Sehen Sie wieder den Altar mit der Kerzenflamme vor sich, welche der göttliche Funke in Ihnen ist. Dieses Mal stellen Sie beim Eintritt in die Höhle jedoch fest, dass diese viel heller leuchtet als beim letzten Besuch. Die Liebe ist in Ihrem Herzen stärker geworden, was sich nun durch das herrliche Licht um Sie herum zeigt. Knien Sie für einige Augenblicke vor dem Altar nieder und bedanken Sie sich für all die Segnungen, die Ihnen zuteil geworden sind. Und falls Sie für sich oder für einen Freund etwas brauchen, müssen Sie einfach nur darum bitten.

Wenn Sie bereit sind, gehen Sie zum Eingang der Höhle zurück. Sie stellen fest, dass sich vor Ihren Augen jedes Land der Erde erstreckt. Über den ganzen Globus sind Lichter verstreut. Es sind die Herzzentren von Menschen, die eines guten Willens sind und für den Frieden sowie für die Heilung aller Geschöpfe Gottes auf Mutter Erde arbeiten. Unter Ihren Blicken scheinen die Lichter zu wachsen und sich zu vermehren; das liegt daran, dass Sie nun durch die Liebe eins mit all diesen Herzen sind und diese Kraft durch den ganzen Planeten strömen lassen. In einigen Ländern sehen Sie viele solcher Lichter und in anderen nur wenige. Konzentrieren Sie den Strahl der Liebe, der sich aus Ihrem Körper ergießt, auf diese spärlichen kleinen Lichter, die sehr hart dafür kämpfen, ihren Nationen beizustehen, und jede Hilfe brauchen, die Sie ihnen geben können.

Schauen Sie hinauf in den Himmel und stellen Sie fest, dass die vier Engel der Elemente Erde, Luft, Feuer und Wasser über Ihnen schweben. Die Engel sind gekommen, um Sie auf eine Reise mitzunehmen, auf der Sie die Einheit mit Mutter Erde erleben können. Der Engel der Luft tritt grüßend vor und hebt Sie in seinen Armen aus dem Höhleneingang empor. Es gibt keinen Grund, sich zu fürchten; Sie spüren nur Ruhe und Frieden. Jetzt umkreisen Sie die Erde auf der Strömung einer angenehmen Brise, welche die Atmosphäre reinigt und jedem von ihr berührten Tier oder Baum Heilung bringt. Während der Engel des Winds die Wolken über den Himmel bläst, bemerken Sie, dass Sie ein Teil von ihm geworden sind.

Aus den Wolken fällt Regen auf die Erde, und der Engel des Wassers steht vor Ihnen, um Sie willkommen zu heißen. Er umfängt Sie und trägt Sie auf den Regentropfen zur Erde hinab. Im Augenblick, wo die Tropfen in die Meere und Flüsse eintauchen, befinden auch Sie sich in diesen Strömen und Seen. Sie helfen bei der Reinigung der Verschmutzungen und bringen Harmonie zu den Fischen und Säugetieren in der Tiefe.

Der Engel des Wassers verblasst, und an seine Stelle tritt der Engel der Erde. Die Flüsse treten über die Ufer und durchweichen den Erdboden, und so werden auch Sie ein Teil all der wachsenden Samen, die sich da unter der Oberfläche zusammenkauern. Mit Hilfe dieses Engels ermutigen Sie die kleinen Pflanzen, aus dem Land hervorzustoßen und ihre Gesichter der Sonne zuzuwenden. Die Reinheit Ihrer Liebe hilft dabei, alle Wirkungen der Chemikalien und Insektenschutzmittel aufzulösen. Unser Planet beginnt einmal mehr, zu atmen.

Der Geist der Erde entlässt Sie sanft, und Sie finden sich in der warmen Umarmung des Engels des Feuers wieder. Die Strahlen der Sonne scheinen auf die Geschöpfe der Welt hinab. Sie werden von den leuchtenden Regenbogen aufgenommen und bringen allen lebenden Wesen Heilung und Erneuerung.

Nun sind Sie eins und ein Teil aller vier Elemente der Natur. Durch Ihre Meditation haben Sie die Einheit mit Erde, Luft, Feuer und Wasser erlangt und jedem einzelnen Atom Ihrer körperlichen Gestalt Heilung gebracht.

Das Bild beginnt langsam zu verschwinden, und Sie befinden sich wieder sicher in Ihrer Höhle. Legen Sie eine kurze Pause ein, in der Sie einfach die Schönheit Ihrer Umgebung genießen.

Wenn Sie bereit sind, kehren Sie an Ihren Platz zurück und atmen Sie ein wenig tiefer. Umgeben Sie Ihren Körper mit dem goldenen Licht der Liebe und des Schutzes. Erinnern Sie sich der Worte: „Wie du gibst, sollst du erhalten." Die Hilfe, die Sie der Schöpfung gegeben haben, hat Ihnen Kraft gebracht, und Sie fühlen sich gesund und fröhlich. Öffnen Sie Ihre Augen und kehren Sie wieder in Ihr Leben zurück.

Die Liebe der Aufgestiegenen Meister

Meine Arbeit auf den inneren Ebenen hat mir ermöglicht, einigen der großen Aufgestiegenen Meister, die über die Entwicklung der Menschheit wachen, nahe zu kommen. Sie machen sich Sorgen darüber, dass viele Sucher auf dem Weg ihre Stirn- und Kronenzentren öffnen, bevor ihr Herzzentrum gänzlich erwacht ist. Das kann ein Ungleichgewicht schaffen, welches den persönlichen Fortschritt für mehrere Inkarnationen aufzuhalten in der Lage ist. Deshalb sagte man mir, ich müsse dieses Buch so schreiben, dass es mit der Liebe aus meinem Herzen fließt, und zwar auf eine Art, die von allen Menschen verstanden werden kann. Ich hoffe, dass mir dies mit Hilfe der Meister gelungen ist. Sie wünschen nicht länger, sich in ein Mysterium zu hüllen, sondern möchten, dass sich die Menschheit ihrer Gegenwart nun zunehmend deutlicher bewusst wird, damit sie allen Personen auf ihrer Suche nach spiritueller Erleuchtung helfen können.

Wer sind die Aufgestiegenen Meister? Seit der Mensch einst das Herz Gottes als junger Funke verließ, und von da an durch alle Äonen der Zeit, gab es große Wesen des Lichts und der Liebe, die kamen, um den Menschen die Wahrheit so zu lehren, wie er sie gerade zu verstehen imstande war. Beispiele hierfür sind in Ägypten Osiris, in China Lao Tse, in Indien Krishna und Buddha, in Arabien Mohammed und in Israel Jesus. Sie alle sind menschliche Wesen, die vor uns bereits den Weg entlanggegangen sind und all den Schmerz, alles Leid, aber auch all das Lachen kennen, welches auf diesem Planeten unser Karma ist. Sie sind denselben steinigen Pfad entlanggewandert, den auch wir kennen, und haben sich durchgekämpft, bis ihre Seelen und ihr Geist mit jener großen Energie und jenem wunderbaren Licht eins wurden, das wir als Gott kennen. Sie sind „getaufte" Seelen oder aufgestiegene ältere Brüder – die Erleuchteten. Sie halten sich in unserer Nähe auf und helfen uns, dasselbe herrliche Erbe, die Spitze des Berges zu erreichen.

Während vergangener Zeitalter wurden ihre Namen nur flüsternd von jenen wenigen ausgesprochen, welche die Geheimnisse der uralten

Weisheit schützten und bewahrten. Dies war aufgrund von Verfolgung und der Gesetze gegen die Ketzerei notwendig. Der Mensch war noch nicht bereit, diese Lehren zu empfangen. Nun, im Anbruch des Wassermann-Zeitalters, wird es für einen großen Teil der Menschheit Zeit, die Logik und Schönheit dieser uralten Gesetze zu erkennen. Während wir in dieses neue Zeitalter eintreten, ergießen sich Energien auf uns herab, die nicht nur für den Planeten, sondern auch in uns selbst große Veränderungen erzwingen. Wir sind jetzt bereit für neue Ideen, ein neues Denken, mehr Toleranz und einen großen Schritt vorwärts in unseren religiösen Vorstellungen. Insbesondere aber ist nun die Zeit gekommen, die Existenz dieser erleuchteten Brüder zu erkennen und willkommen zu heißen. Wenn ein Mensch vom Licht erfüllt wird, bekommt er die Wahl: Er kann sich entweder aufwärts in ein Reich des Bewusstseins und der höheren Schwingung entwickeln und diesen Planeten schließlich ganz verlassen, oder er kann wählen, in der irdischen Atmosphäre zu verbleiben und seinen Brüdern zu helfen, welche die Sprossen der Leiter hinter ihm zu erklettern bemüht sind. Viele Meister beschlossen aufgrund ihrer großen Liebe zur Menschheit, in der irdischen Atmosphäre zu bleiben und stetig daran zu arbeiten, Christus in die Herzen der Menschen zu bringen. Obwohl es für sie – außer unter besonderen Umständen – nicht mehr notwendig ist, zu inkarnieren, können sie menschliche Form annehmen, um bestimmte Aufgaben zu erfüllen oder den Menschen nahe zu sein. Meist leben sie jedoch auf den höheren geistigen und spirituellen Ebenen, von wo aus sie, wenn nötig, in die astralen und ätherischen Reiche hinabsteigen. Sie verbringen einen großen Teil ihrer Zeit damit, Licht und Liebe über die Erde und deren Bewohner zu ergießen, wozu sie die Herzzentren hoch entwickelter Menschen einsetzen. Wenn sie auf unsere Welt hinabblicken, sehen sie kleine Lichtpunkte, die für Menschen mit offenen und liebenden Herzchakras stehen. Diese Lichter werden immer mehr, und auch die großen Lichtflecke nehmen rund um die Erde zu und zeigen Zentren des Lichts an, in denen für die Heilung und spirituelle Entfaltung der Menschheit gearbeitet wird.

Unsere älteren Brüder arbeiten Seite an Seite mit den großen Erzengeln unseres Sonnensystems, indem sie die Natur und das Feenreich bei deren Arbeit liebevoll führen. Eine der Fragen, die man mir immer wieder stellt, lautet: „Warum handelt es sich bei den Aufgestiegenen Meistern nur um Männer und nie um Frauen?" Ich habe auf diese Frage meditiert und die Antwort erhalten, dass dies so sei, weil in unserer Geschichtsperiode nun einmal Männer die Welt beherrschen. Aus diesem Grund sind auch die Aufgestiegenen Meister bisher in männlicher Form erschienen. Es gibt jedoch auch viele weibliche Aufgestiegene Meisterinnen, die ihre Anwesenheit mittlerweile mehr und mehr bewusst machen – Quan Yin, Lady Nadia, Lady Portia und Jesu Mutter Maria sind nur einige davon. Sie arbeiten Seite an Seite mit den männlichen Meistern, um auch den weiblichen Aspekt zutage treten zu lassen.

Ich werde nun versuchen, Sie in Kontakt mit einigen Meistern zu bringen.

Jesus

Ungeachtet der verschiedenen Religionen gibt es wohl nur wenige Menschen auf der Erde, die noch nie von ihm gehört haben. Alle Heiler und Menschheitshelfer unterstehen seiner Leitung. Von Zeit zu Zeit nimmt er noch immer einen physischen Körper an und arbeitet sehr eng mit dem Buddha zusammen. Zwischen diesen beiden Adepten herrscht eine große Affinität, und sie haben einander immer dabei unterstützt, das Wort Gottes zu Ohren der Menschen zu bringen. Jesus lehrte das „Tun" und Buddha das „Sein". Alle Studenten und Ausübenden der Meditation kommen unter den starken Einfluss des Buddha. Durch diese beiden Meister werden Westen und Osten schließlich eins werden. Der Osten hat in der Vergangenheit zu viel über spirituelle Werte nachgedacht und seine materielle Verantwortung ignoriert, während der Westen vornehmlich Macht und Reichtum verfolgte, ohne den spirituellen Belohnungen viel Aufmerksamkeit zu widmen. Wenn das Pendel einst ausgeglichen zwischen den beiden Zivilisationen schwingt und so das Gleichgewicht bringt, werden Jesus und Buddha ihre Ziele erreicht haben, und auf der Erde wird Frieden herrschen.

Lassen Sie uns nun das irdische Leben von Jesus betrachten. Viele Astrologen vertreten die Theorie, dass sein Geburtstag nicht im

Dezember, sondern im August lag. Das ist durchaus sinnvoll, weil es bedeuten würde, dass Jesus im Zeichen des Löwen als Kind der Sonne zu uns kam, was seine starke, positive Persönlichkeit erklären könnte, zu der sich Menschen in großer Zahl hingezogen fühlten. Wir wissen, dass er ein großer Erzähler von Gleichnissen war. Zur Zeit Jesu wurde Israel von den Römern mit eiserner Hand regiert. Das Leben hatte keinen großen Wert und war für die Juden sehr hart. Nur eine Persönlichkeit von enormem Verstand und hoher Schwingung konnte damals aufstehen und die Liebe zu jedem Mitmenschen predigen, sei er Römer oder Adelsherr. Ich kann allen Schülern von Jesus nur empfehlen: „Geht zurück zum Neuen Testament und lest es noch einmal. Lernt diesen Mann kennen; gewinnt einen tieferen Einblick in seine Lehren und Parabeln, die verschleiert und voller innerer Bedeutungen sind."

Jesu Aufgabe auf Erden bestand darin, als Kanal für den Christus-Geist zu dienen, der das Licht und die Liebe Gottes ist. Dieser große Geist, Christus, war nie zuvor auf der Erde inkarniert gewesen und verfügte noch über keinen Körper, in dem er seine Aufgabe hätte erfüllen können. Jesus wurde als jener Meister erwählt, der sein physisches Gefäß, seinen Körper, als Kanal für dieses große Licht nutzen sollte. Diese überwältigende Kraft des Christus-Geistes trat ein, bevor er seine Lehrtätigkeit in Israel aufnahm. Der Eintritt dieser Kräfte vollzog sich anlässlich seiner Taufe im Jordan durch seinen Vetter Johannes. In dem Moment, da sich die Taube auf seinen Kopf niederließ, hatte seine Mission für den Christus auf Erden begonnen. Während ich dies schreibe, nähert sich das Osterfest, welches den Gipfelpunkt all seiner harten Arbeit für die Zukunft der Menschheit auf diesem Planeten darstellt. Er wusste, was vor ihm lag. Am Ende seines Lebens bestand sein einziger Daseinszweck darin, das Christuslicht in die Erde selbst hinabzuführen und dort zu verankern. Vor der Ankunft Jesu waren nur wenige Seelen fortgeschritten genug, um sich den Proben und Prüfungen zu stellen, die zur Erleuchtung führen; sein Tod jedoch öffnete die Tore zur Einweihung für alle Menschen. Zu diesem Zeitpunkt in der Geschichte hatte die Menschheit das Ende ihrer Reise hinab in die dichte Materie erreicht und konnte mit dem Tod Jesu den Weg zurück zur Gottheit beginnen. Bis zu diesem Moment hatte die Menschheit gelernt, zu Einzelwesen zu werden; nun aber begann die Zeit jener Prüfungen und

Lektionen, die eines Tages allen Menschen Gleichheit und Einheit bringen sollen. Als das Blut Jesu am Kreuz herabrann und in die Erde floss, wurde das Christuslicht in diesem Planeten geerdet. Damit hatte der aufwärts weisende Bogen der Entwicklung begonnen. Die Bibel erzählt uns, Dunkelheit habe das Land bedeckt, doch in Wirklichkeit war das absteigende Licht so hell, dass es alle blendete, die hineinblickten, so dass es für einige Augenblicke schwarz wie die Nacht erschien. Der am Kreuz hängende Jesus stieß einen tiefen Seufzer des Triumphs aus und sprach mit seinem letzten Atemzug die Worte: „Es ist vollbracht." Sein Dienst für diese Welt war vollendet. Er war wahrhaftig der Retter, und durch seine Liebe und sein Opfer nur ist unser Schicksal sicher. Nun haben alle Menschen das Recht, ihr volles Potenzial als Söhne und Töchter Gottes umzusetzen.

Jesus sagte: „Ich bin bei euch bis ans Ende der Welt", und er ist tatsächlich noch immer hier und wird es auch dann sein, wenn dieser Planet nicht mehr physisch am Himmel leuchten muss. Wie ich in diesem Kapitel bereits erwähnt habe, arbeiten die Aufgestiegenen Meister eng mit den Großen Erzengeln unseres Sonnensystems zusammen, besonders mit den sieben Großen Engeln vor dem Thron Gottes. Diese herrlichen Wesen arbeiten an der Quelle der Sieben Großen Strahlen der Manifestation und ergießen die Essenz dieser Strahlen, von denen jeder andere Eigenschaften hat, über der Erde aus. Jesus arbeitet an der Quelle des Sechsten Strahls, welcher die Eigenschaft der Hingabe trägt und alle Religionen unserer Welt umfasst. In unseren westlichen Kirchen ist er immer anwesend, wenn gemeinsam mit den Lichtengeln der jeweiligen Kirche das heilige Abendmahl gefeiert wird. Er kann an Hunderten von unterschiedlichen Orten zugleich erscheinen und wohnt jeder Heilungs-Andacht bei, wie auch einzelnen Heilern, wenn er darum gebeten wird. Er arbeitet mit Raphael zusammen, dem Erzengel der Heilung, der oft einen goldenen Kelch, aus dem Lichtstrahlen hervortreten, an sein Herzzentrum haltend wahrgenommen wird. Dieser Erzengel wird meist in zwei Farben leuchtend wahrgenommen: Verschiedene Grüntöne stehen für die Heilung der Erde, und alle möglichen Blauschattierungen repräsentieren die Heilung der Menschheit.

Ich hatte das große Glück, Jesus viele Male gesehen zu haben. Er erscheint immer von einer goldenen Aura umgeben, und seine Augen sind voller Liebe und Mitgefühl. Er hat ein wundervolles Lächeln voller Freude. Er lacht jedes Mal herzlich, wenn ich mit den Worten „Bitte hilf mir, ich bin gerade dabei, etwas gründlich zu verpfuschen!" zu ihm komme. Er ist menschlich und sehr leicht zugänglich. Jedem Leser, der ihn zum Freund gewinnen möchte, kann ich wie immer nur sagen, dass die einzige Voraussetzung dafür in bedingungsloser Liebe besteht. Begeben Sie sich in eine stille Meditation und stellen Sie sich vor, dass Jesus vor Ihnen steht. Wenn Sie nun durch Ihr Herz mit ihm kommunizieren, wird die Vorstellung bald schon Wirklichkeit werden.

Der Aufgestiegene Meister Saint Germain

Diesem Aufgestiegenen Meister wurde ich erstmals vor vielen Jahren vorgestellt, noch ehe ich in die White Eagle Gemeinschaft eintrat. Ich hatte Probleme und ging deshalb zu meiner Freundin Rita, die ein sehr gutes Medium ist. Sie gab mir ein wenig allgemeine Hilfe und sagte dann plötzlich: „Ich sehe einen Ritter in schimmernder Rüstung, der auf einem weißen Pferd sitzt. Er ist völlig in Licht getaucht und trägt ein silbernes Schwert. Dieser Ritter bedeutet dir heute noch nichts, aber er wird in einigen Jahren in dein Leben eintreten, wenn du dazu bereit bist." Ich fand das recht unterhaltsam, denn ich verband nicht viel mit galanten Kavalieren auf weißen Schlachtrössern. So vergaß ich diese Botschaft wieder – bis ich in die White Eagle Gemeinschaft in Brighton eintrat. Nachdem ich schon eine Zeit lang zu dieser Gruppe gehört hatte, begann ich in der Meditation einen weißen Ritter zu sehen, der auf einem Pferd saß und ein silbernes Schwert hielt. Da erinnerte ich mich wieder an Ritas Worte und sehnte mich danach, zu erfahren, wer dieser Mann war. Ich fand es bald schon heraus und erhielt diese Information während einer inneren Einkehr im White Eagle-Tempel in New Lands. Joan Hodgson brachte uns in einen meditativen Zustand, und ich hatte meine gewohnte Vision des weißen Ritters. Ich erwähnte dies nach der Meditation Joan gegenüber, die mir erklärte, ich habe bis in die kleinste Einzelheit einen Meister beschrieben, der in der Gemeinschaft einfach als „R" bekannt ist.

Er sei jener ältere Bruder, der alle Aktivitäten dieses Lichtzentrums überwache.

Im Verlauf der nächsten Jahre fand ich mehr über diesen Aufgestiegenen Meister heraus, der viele Male auf unserer Erde gelebt hat. Diese Erfahrungen ermöglichen es ihm, unsere täglichen Probleme nicht nur nachzuvollziehen, sondern auch Verständnis dafür zu haben. Er hat auf unserer Existenzebene als Merlin, St. Alban, Roger Bacon, als Mönch und Wissenschaftler namens Christian Rosenkreutz und als Graf Ragoczy gelebt (als Letzterer ist er innerhalb der White Eagle Gemeinschaft bekannt). Und das sind nur einige wenige historische Gestalten, die von ihm verkörpert wurden; so war er auch der zur Zeit Elizabeth I. lebende Francis Bacon. Da ich mich schon immer für diesen Herrn interessiert hatte, las und lernte ich alles, was aus der Geschichte über diese überaus gelehrte Gestalt hervorgeht. Er war der uneheliche Sohn von Elizabeth I. und Robert Dudley, dem Earl von Leicester. Man sagt, er sei vier Monate nach der heimlichen Eheschließung zwischen Elizabeth und Robert Dudley zur Welt gekommen – eine Ehe, die Elizabeth anzuerkennen sich weigerte, da sie ihren Titel der „jungfräulichen Königin" behalten wollte. So wurde Francis Bacon von Freunden der Königin aufgezogen – Sir Nicholas Bacon und dessen Frau, Lady Anne. Sein ganzes Leben lang lockte ihn die Königin mit der Aussicht, ihn eines Tages öffentlich anzuerkennen und als Francis I. von England ausrufen zu lassen. Er musste lernen, seinen Stolz im Zaum zu halten und erlebte eine Vielzahl an Demütigungen. Dennoch lehnte er sich niemals gegen seine Mutter auf, sondern wurde stattdessen einer der hochbegabtesten Gelehrten dieses Zeitalters. Er brachte dem gemeinen Volke Britanniens die Erleuchtung der Literatur und Wissenschaft; darüber hinaus gründete er Zweige von Geheimgesellschaften und Mysterienschulen wie zum Beispiel der Freimaurer und der Rosenkreuzer. Man sagt, er habe in Wahrheit die Shakespeare zugeschriebenen Theaterstücke verfasst, und ich glaube, dass dies zutrifft. Er schrieb in geheimen Chiffren und zeichnete Bilder voller innerer Bedeutungen. Jeder, der sein Werk zu studieren wünscht, sollte die Forschungsergebnisse von Peter Dawkin nachlesen, dem Gründer des *Francis Bacon Research Trust*. Während seines ganzen Lebens litt Francis unter fürchterlichen finanziellen Schwierigkeiten; bis zu seinem Tod im Jahr 1626 verfolgte man ihn und nannte ihn einen Schwindler. Seine Drangsal und seine Prüfungen hätten einen geringeren Mann zerstört, waren hier jedoch Teil der Entstehung eines Meisters. Man geht auch davon aus, dass es sich bei Joseph, dem Vater Jesu, um eine weitere Inkarnation Saint Germains handelt, was die enge Verbindung zwischen diesen beiden Meistern erklären würde. Sie arbeiten zusammen für die Vereinigung aller Rassen, Religionen und Länder.

Der Meister Saint Germain steht dem Siebten Strahl der Zeremonie, des Rituals und der Magie vor. Er ist einer der wichtigsten Helfer, die für das Heraufdämmern des goldenen Wassermann-Zeitalters verantwortlich sind. Er liebt helle Farben, und ich sehe ihn oft von einem purpur leuchtenden Umhang umgeben. Er arbeitet viel mit dem Mineralienreich, und durch seinen Einfluss entdeckt und verwendet die Menschheit die heilenden Eigenschaften von Kristallen. Als Saint Germain war er als großer Alchemist bekannt, der unedle Metalle in Gold verwandeln konnte. Deshalb hilft er der Menschheit dabei, das unedle Metall der niederen Seelen in das Gold des höheren Selbst zu verwandeln. Er ist der Große Transformierer und führt die violette Flamme der Verwandlung. Er erlaubt der Menschheit, diese violette Flamme zur Reinigung der Chakren, der emotionalen und der mentalen Körper zu verwenden. Es ist eine sehr gute Übung, eine violette Flamme über dem eigenen Kopf zu visualisieren und diese Flamme dann durch den Körper und jedes Chakra hinabzuziehen. So werden alle Zentren und Körper gereinigt, und jegliche Negativität wird in Licht umgewandelt.

Wieder stellt man mir die immer gleiche Frage: „Wie kann ich diesen großen Meister kennen lernen?", und meine Antwort ist wie immer: „Sende ihm Liebe direkt aus deinem Herzzentrum, gemeinsam mit dem Sehnen danach, im kommenden goldenen Zeitalter zu Diensten zu sein." Ich halte dabei immer einen Amethyst oder einen Bergkristall in der Hand, weil diese Steine ein ganz spezielles Bindeglied zum Meister Saint Germain zu bilden scheinen. Auch wenn Sie den Meister noch eine ganze Zeit lang nicht in Ihren Meditationen sehen sollten, wird er doch auf jeden Fall einen Vertreter schicken, der Sie führt und Ihnen hilft. Sollten Sie jedoch den Duft von Veilchen riechen, können Sie sicher sein, dass sich der Meister nähert, denn dies sind seine Lieblingsblumen. Jedes Mal, wenn ich eine Andacht durchführe oder einen Vortrag über die uralte Weisheit halte, bitte ich um seine Hilfe. Ich bin noch nie enttäuscht worden, denn sowie ich zu sprechen beginne, kann ich seinen Einfluss ganz deutlich spüren. Das macht mich sehr demütig und gleichzeitig meiner Verantwortung bewusst.

Lord Maitreya

Dieser Lord kann ohne weiteres als „Vorsitzender des Vorstands der Aufgestiegenen Meister" bezeichnet werden. Das Wort Maitreya bedeutet „Güte". Dieses überaus hoch entwickelte Wesen ist die reine Liebe. Seine Farbe ist das reine weiße Licht, und so sehe ich ihn auch in meinen Meditationen. Dann erstrahlt sein Gesicht so sehr, dass ich es kaum wage, ihn anzusehen, weil seine Schwingungen so hoch sind. Dieser Meister kam mir zu Hilfe und brachte mir das Christuslicht, als meine Not während meines Kampfes mit dem Hüter der Schwelle am größten war. Maitreya repräsentiert das Christuslicht in menschlicher Gestalt. Er ist aber auch der Welt-Lehrer, und als solcher bringt er allen Menschen Wissen, beeinflusst alles Lernen und regt das verborgene Potenzial in jedem Menschen, jedem Geschöpf und jedem Engel an.

Der Erzengel Uriel wird mit Maitreya in Verbindung gebracht; er deutet Gottes Willen und inspiriert Schriftsteller und Poeten, indem er ihnen Ideen bringt. Er gibt uns die von Liebe bestärkte Weisheit und hilft der Menschheit dabei, auf dem Wege der Wahrheit und des Dienens Erlösung zu finden. Auch ist er mit allen Formen der Kunst und des Ausdrucks verbunden.

Wie ich in diesem Kapitel bereits erwähnt habe, verbrachte ich nach der ersten Begegnung mit diesem Meister die nächsten fünf Jahre damit, mich ihm anzunähern, indem ich meditierte oder oft auch einfach in den äußeren Kreisen seiner Aura saß. Man sagte mir später, er sei sich damals nicht sicher gewesen, was er mit mir hätte tun oder welche Aufgabe er mir hätte geben sollen, denn ich musste noch eine ganze Menge Felsbrocken aus meinem Weg forträumen, bevor ich ihm zu Diensten sein konnte. Doch selbst ein einziges, winziges Zittern seiner Schwingung ließ mich voll neuer Energie aus meiner

Meditation zurückkehren, und dann war ich fähig, mit allem fertig zu werden, was das Leben auch immer für mich bereithielt. Schließlich erlaubte man mir, mit dem Lehren zu beginnen, und die Ideen für dieses Buch begannen sich in meinem Geist zu formieren. Obwohl ein Meister immer einem Jünger in Not helfen wird, rate ich doch dazu, bestimmte Voraussetzungen sicherzustellen, wenn Sie während der Meditation in seiner Aura sein möchten. Gehen Sie niemals zu ihm, wenn Sie depressiv, gereizt oder verärgert sind. Nähern Sie sich ihm immer mit Freude und Liebe, denn jede Negativität wird von seiner Aura aufgenommen werden und die stillen Wasser seines Bewusstseins trüben.

Der Aufgestiegene Meister El Morya

Dieser ältere Bruder arbeitet hart daran, alte Ideen und Dogmen hinwegzufegen sowie Länder, Staatsmänner und deren Völker dazu anzuregen und zu inspirieren, mit frischen Ansätzen und neuem Denken in das Wassermann-Zeitalter einzutreten. Er arbeitet eng mit dem Erzengel Michael zusammen, der mit seinem Schwert des Lichts und der Macht Dunkelheit und Negativität zerspaltet. Wenn ich lehre oder Vorträge halte, kann ich oft die Anwesenheit dieses Meisters spüren. Dann kommt er zu mir, um mir Kraft, Energie und Selbstvertrauen zu geben. Er ist der Meister der wenigen Worte und sagt meist nicht viel. Ich erinnere mich an einen Vortrag, den ich in Brighton hielt und bei dem das Publikum nur sehr wenig reagierte. Ich bat um seine Hilfe und erhielt nur ein einziges Wort: „Verändern". Ich tat, was er vorschlug, und der Rest des Abends verlief absolut reibungslos.

Der Aufgestiegene Meister Kuthumi

Dieser ältere Bruder steht mir besonders nahe, denn er lebte Ende des zwölften und Anfang des dreizehnten Jahrhunderts als Franz von Assisi auf dieser Erde. Seine Liebe zu allen Geschöpfen Gottes besteht bis zum heutigen Tag, und oft wird bei Heilungssitzungen für Tiere ein Mönch in einer schäbigen braunen Kutte gesehen. Dieser Meister wird während des Wassermann-Zeitalters der Kanal für das Christuslicht sein. Er arbeitet intensiv mit dem Zweiten Strahl der Weisheit der Liebe, der in den goldenen Jahren zum Strahl der Manifestation werden wird. Kuthumi wird während der damit beginnenden zweitausend Jahre des Friedens die Massen-Einweihungen großer Teile der Bevölkerung überwachen. Der Erzengel Haniel arbeitet eng mit Kuthumi zusammen. Er ist eine reine Form der Liebe, und man sagt, er habe seinen Wohnort auf der Venus. Das Gebet des heiligen Franziskus fasst das Bewusstsein dieses geliebten Meisters wunderbar zusammen.

Oh Herr,
mach mich zu einem Werkzeug deines Friedens,
dass ich Liebe übe, wo man sich hasst,
dass ich verzeihe, wo man sich beleidigt,
dass ich verbinde, da, wo Streit ist,
dass ich die Wahrheit sage, wo der Irrtum herrscht,
dass ich den Glauben bringe, wo der Zweifel drückt,
dass ich die Hoffnung wecke, wo Verzweiflung quält,
dass ich ein Licht anzünde, wo die Finsternis regiert,
dass ich Freude mache, wo der Kummer wohnt.

Herr, lass du mich trachten:
nicht, dass ich getröstet werde, sondern dass ich tröste;
nicht, dass ich verstanden werde, sondern dass ich verstehe;
nicht, dass ich geliebt werde, sondern dass ich liebe.

Der, wer da gibt, der empfängt;
wer sich selbst vergisst, der findet;
wer verzeiht, dem wird verziehen;
und wer stirbt, erwacht zum ewigen Leben. [1]

Der Schlüssel zu den größten Einweihungen, an deren Schwelle der Meister Kuthumi in freudiger Erwartung unseres zügigen Fortschreitens auf dem Weg ins Licht steht, besteht in vollständiger Selbstvergessenheit und bedingungsloser Nächstenliebe.

---

1) Deutsche Übersetzung entnommen dem Neuen Evangelischen Gesangbuch; A.d.Ü.

Interessanterweise sagt man von Kuthumi, er sei ebenso wie El Morya einer der drei Weisen aus dem Morgenlande gewesen, die zu Jesu Geburt kamen. Das dritte Mitglied dieses Trios war der tibetische Meister Djwhal Khul, der seine Lehren auch durch Alice Bailey übermittelt hat.

Die Aufgestiegene Meisterin Quan Yin

Quan Yin (auch Kuan Yin geschrieben) ist als chinesische Göttin der Barmherzigkeit und des Mitgefühls bekannt. Man sagt, sie habe etwa eintausend Jahre lang auf der Erde gelebt und die Essenz ihrer bedingungslosen Liebe während dieser Zeit von China aus über ganz Korea und Japan bis nach Indien hinein verbreitet.

Sie wird meist eine Lotusblüte in der Hand haltend und auf Lotusblumen stehend oder sitzend dargestellt. Da der Lotus ein Symbol der Erleuchtung ist, wird hier auch auf Quan Yin als große Meisterin der Einweihung hingewiesen. Sie ist ebenfalls ein Mitglied des Karmischen Rats und unterstützt uns bei unseren Bemühungen, vom Rad der Wiedergeburt herab und in die Freiheit zu gelangen. Häufig wird sie dargestellt, wie sie ruhig und aufgerichtet auf dem Rücken eines Meeresdrachen stehend durch die hochaufragende See reitet, während um sie herum alles in Aufruhr ist. Sie versteht die Gewalt menschlicher Gefühle und hilft uns dabei, zu allen Zeiten gelassen und ausgeglichen zu sein. Manchmal wird sie ein Kind haltend gesehen, weshalb sie auch das Göttlich-Weibliche auf Erden manifestiert.

Quan Yin arbeitet eng mit Saint Germain zusammen und führt unsere Schritte den Berg der Verwandlung und Erleuchtung hinauf. In meinem Heiligtum steht ein kleiner, dieser Meisterin gewidmeter Altar. Wenn ich als Kanal für Heilkräfte arbeite, kann ich oft ihre Anwesenheit fühlen, und in Zeiten der Prüfungen und Erprobungen war sie mir eine große Unterstützung. Ihr Rat ist immer sehr praktisch und erdverbunden.

Die Hallen der Weisheit und des Lernens

Schließen Sie wieder die Augen und entspannen Sie sich. Spüren Sie, wie eine zunehmende Wärme Ihren Körper umfängt. Über Ihrem Kopf befindet sich eine goldene Sonne, deren Strahlen des Lichts und der Liebe sich auf Sie hinab ergießen. Fühlen Sie, wie dieser Lichtstrahl sanft in Ihr Herz eintritt und Sie in die Welt des Geistes hinaufhebt.

Vor Ihnen befindet sich eine breite Allee; herrliche Eichen und Ulmen mischen sich dort mit silbernen Birken und anderen Baumarten, die noch nie ein irdisches Auge gesehen hat. Beinahe versteckt hinter den Bäumen entdecken Sie herrschaftliche Häuser, von Blumengärten und grünen Rasenflächen umgeben. Es sind riesige Museen und Gemäldegalerien, die alle Schätze der Welt in ätherischer Form beinhalten. Kein einziges Stück der Schönheit oder Kultur geht jemals verloren; alles wird hier gesammelt, damit es weiterhin gesehen und bewundert werden kann. Sie müssen nur an ein Bild denken, das Sie gerne sehen möchten, und Sie werden sich sofort in einer großen Kunstgalerie vor diesem Bild wiederfinden – umgeben von allen anderen Meisterwerken dieses speziellen Künstlers.

Heute bringt uns unsere Meditation jedoch zu einem anderen Teil dieser Straße. Wir biegen vom Hauptweg ab und kommen zu einem großen Platz, der von Gebäuden in griechischem Baustil umgeben ist. Dies sind die Hallen der Weisheit. In der Mitte des Platzes befindet sich ein großer Springbrunnen, dessen Wasser verspielt in ein weites Wasserbecken plätschert. Dort schwimmen wunderschöne Fische langsam unter der Oberfläche; betrachten Sie für einen Augenblick die herrlichen Farben der Kois und Goldfische.

Vor den Gebäuden befinden sich Sitzbänke aus Marmor, und Sie fühlen sich zu einer ganz bestimmten von ihnen hingezogen. Während Sie sich setzen, bemerken Sie neben sich eine in weiße Roben gekleidete Gestalt, um deren Taille ein Seil aus gesponnenem Gold liegt und die goldene Sandalen an den Füßen trägt. Es handelt sich um einen älteren Bruder, der gekommen ist, um mit Ihnen zu sprechen. Sie können ihm von einem Problem erzählen und werden feststellen, dass sich in Ihrem Geist die Antworten darauf zu formen beginnen. Dieser Bruder des Lichts möchte Ihnen dabei helfen, Ihr Herzzentrum so zu erweitern, dass die Liebe aus Ihrem Herzen in die ganze Welt hinaus erstrahlen kann. Setzen Sie sich still neben ihn und spüren Sie, wie sich Ihr Herz in reiner Freude ausdehnt. Lassen Sie diese Lichtwellen aus Ihrer Seele hinaus und in unsere irdische Welt hineinfließen, wo sie jeden Ort erreichen, an dem sie gebraucht werden – sei es ein Land oder eine Person. Umgeben Sie das Ziel Ihrer Liebe einfach mit Licht und bitten Sie darum, dass Hilfe oder heilende Energie dorthin gegeben werden möge.

Nach einer Weile steht die weiß gekleidete Gestalt auf und möchte, dass Sie ihr folgen. Sie führt Sie in eines der Gebäude auf jener Seite des Platzes, auf der Sie sich gerade befinden. Im Inneren erblicken Sie einen sehr großen Raum, der von einem weißen Licht erleuchtet wird, das aus einer Öffnung im kuppelförmigen Dach zu kommen scheint. Rund um den Raum herum befinden sich bogenförmige Tore, die zu kleineren, mit Büchern gefüllten Zimmern führen. Im Hauptraum sitzen mehrere Gruppen von Menschen um runde Tische herum und lauschen konzentriert ihren hoch entwickelten Lehrern. Sie können nun wählen, ob Sie sich einer dieser Gruppen anschließen oder durch einen der Torbögen gehen und die Bücher studieren möchten, welche die Regale füllen. Falls Sie sich entscheiden, eine der Büchereien zu betreten, denken Sie einfach an ein spirituelles Thema, zu dem Sie gerne mehr erfahren möchten; Sie werden sich sofort im entsprechenden Raum wiederfinden und ein passendes Buch in der Hand halten. Nehmen Sie eines der Bücher an einen kleinen Tisch mit, setzen Sie sich dort und öffnen Sie es. Vielleicht können Sie die Worte nicht klar erkennen; dennoch werden diese in Ihrem inneren Geist einen Eindruck hinterlassen und von Nutzen sein, wenn Sie es brauchen sollten. Es ist auch möglich, dass Sie gar keine Worte, sondern ausschließlich Symbole sehen können. Deren Bedeutungen können Sie nach der Rückkehr aus Ihrer Meditation erforschen.

Bald ist es jedoch leider an der Zeit, diese Hallen der Weisheit zu verlassen. Ihr älterer Bruder führt Sie aus dem Gebäude hinaus. Sie setzen sich wieder auf die Marmorbank und betrachten den Brunnen.

Wenn Sie möchten, können Sie hier noch eine Weile bleiben und sich erfrischen, bevor Sie wieder in Ihr tägliches Leben zurückkehren. Spüren Sie, wie die Ruhe und der Frieden dieser besonderen Bewusstseinsebene Sie erfüllt. Die Ruhe und den Frieden nehmen sie mit, während Sie langsam zur irdischen Ebene zurückkehren. Sie werden sich wieder des festen Bodens unter Ihren Füßen bewusst und öffnen sanft Ihre Augen. Sie können Ihrem geistigen Freund jederzeit in Ihren Meditationen oder auch im Schlaf wieder begegnen. Führen Sie regelmäßig die Übung aus, die er Ihnen gegeben hat und mit deren Hilfe Sie aus Ihrem Herzen Liebe in die Welt schicken können. Das von Ihnen ausgesandte Licht wird in gleichem Maß zu Ihnen zurückkehren. Bevor Sie Ihren Platz verlassen, sehen Sie vor Ihrem inneren Auge wieder, wie Sie von einem Kreis aus schützendem Licht umgeben sind.

Meditation und Traumerfahrungen

Die Kunst der Meditation kann dem Suchenden eine ganze Reihe von Schwierigkeiten bereiten. So höre ich immer wieder dieselben Fragen: „Wie fange ich es an, zu meditieren?", „Welche Methode ist die beste?", „Warum denke ich dabei ständig?", „Wie kann ich meinen Verstand dazu bringen, still zu sein?" Ich werde versuchen, diese Fragen zu beantworten und Licht in dieses schwierige Thema zu bringen.

Auch wenn ich mich wiederhole: Die Liebe ist der Schlüssel. Oft werden beim Meditationsunterricht die Zentren im Kopf über- und das Herzzentrum unterbetont. Das Herz jedoch bringt jene Energien ins Spiel, die zur Erhöhung des Bewusstseins über die astralen Ebenen hinaus in die Reiche der Erleuchtung benötigt werden. Die Meister und spirituellen Lehrer antworten rasch auf den Fluss der Liebe und werden alles tun, was in ihrer Macht steht, um dem Schüler dabei zu helfen, zu einem reinen Kanal für die Kräfte der Wahrheit zu werden. Das letztendliche Ziel besteht in der Einswerdung mit Gott, mit dem kollektiven Bewusstsein, das uns so ermöglicht, unser höheres Selbst zu erreichen. Mit Übung können wir eine Brücke zwischen unserem physischen Leben und den höheren Reichen des Geistes erschaffen. Meditation sollte sanft und langsam von einem erfahrenen Lehrer unterrichtet werden, der Sie von einer Woche zur nächsten führt und sicherstellt, dass Sie entspannt und glücklich sind. Die Lektionen werden von der Visualisation zur geistigen Versenkung mit einem Symbol oder einem spirituell erhebenden Satz fortschreiten. Über viele Jahre oder sogar Leben hinweg angewendet, geht das beschauliche Nachdenken in jene kreative Stille über, die der Geist Gottes ist. Schließlich werden Sie einen Ort reinen Lichts erreichen, an dem die Kommunikation mit dem Unendlichen zur Wirklichkeit wird.

Meditation kann wie Ihr spiritueller Weg auch mit der Wanderung auf einen Berg verglichen werden. Der Gipfel steht für das Ziel Ihrer Suche, doch auf dem Weg dorthin können Sie manchen Umweg nehmen und viele Ereignisse erleben. Allmählich wird die Meditation zu einem Teil Ihres täglichen Lebens werden, doch der wichtigste Schritt besteht darin, auch tatsächlich damit anzufangen. Falls Sie keinen freien Raum zur Verfügung haben, genügt jeder Ort in Ihrem Haus, an dem Sie sich wohl fühlen. Setzen Sie sich mit aufgerichteter Wirbelsäule hin. Ihre Hände ruhen leicht in Ihrem Schoß, die Handflächen weisen nach oben. Es unterstützt Ihre Disziplin sehr, wenn Sie sich jeden Tag zur selben Zeit zur Meditation zurückziehen können. White Eagle sagt uns immer, dass wir sehr langsam und ohne die geringste Eile vorgehen sollen. Dies ist ein guter Rat, denn eine der Fallgruben auf unserem Weg besteht darin, zu den „Toren des Himmels" hasten zu wollen. Ein erfahrener Eingeweihter kann dies ohne Schaden tun, ein am Beginn seiner Ausbildung stehender Anfänger jedoch nicht. Deshalb genügen fünfzehn Minuten pro Tag durchaus, wenn Sie gerade erst mit der Meditation beginnen.

Schließlich werden Sie einen Punkt erreichen, an dem der Augenblick der Kontemplation zu einem festen, täglichen Ereignis wird. Sie werden feststellen, dass Sie wunderbar meditieren können, während Sie sauber machen oder Kartoffeln schälen. Mein Mann und ich führten bis vor kurzem ein kleines Geschäft, und ich habe einige meiner besten spirituellen Arbeiten auf der Autobahn auf dem Weg dorthin geleistet. Natürlich saß ich dabei auf dem Beifahrersitz. Manchmal drehte sich mein Mann zu mir um und sagte: „Du bist heute sehr still; du hast seit einer Stunde nichts mehr gesagt." Obwohl es sich bei der Meditation um ein hervorragendes Mittel zur eigenen Weiterentwicklung handelt, kann sie ebenso zum Nutzen der ganzen Menschheit eingesetzt werden. Sie nur zum Zwecke des eigenen Fortschritts zu verwenden, würde bedeuten, zwei große Schritte rückwärts zu machen.

Also, wie können wir unseren Geist zur Ruhe bringen? Dies ist in den frühen Stadien des Unterrichts eine sehr, sehr schwierige Aufgabe. Wie viele von uns haben sich entspannt und voller Frieden hingesetzt, nur um festzustellen, dass wir gerade die Einkaufsliste für morgen zusammengestellt haben? Jeder von uns hat eine ganz eigene Methode, innere Gelassenheit zu erreichen. Eine meiner Freundinnen erzählte mir von ihrem sehr erfolgreichen Ablauf: Sie gibt ihrem irdischen Gehirn sein eigenes kleines Schlafzimmer mit einem äußerst bequemen

Bett und sehr erholsamen Dekorationen. Wenn ihr Gehirn nun zu lästig wird und ständig fremde Gedanken produziert, öffnet sie die Tür zu diesem Zimmer und legt ihren niederen Geist auf das Bett. Dort schläft er dann ein, und sie kann ihre Meditation wieder aufnehmen. Wenn sie fertig ist, holt sie ihren Geist wieder ab, und alle sind glücklich. Ihr niederer Geist hat sich ausruhen können, und ihr höherer Geist war in der Lage, ohne Unterbrechung zu meditieren.

Visualisation ist eine sehr gute Übung, die dabei hilft, den Geist zu konzentrieren. In einer geführten Meditation ist der niedere Geist damit beschäftigt, die beschriebene Szene zu formen. Er hat viel, worauf er seine Aufmerksamkeit richten kann, und wird so leichter kontrollierbar. Das wiederum erleichtert, Ruhe und Frieden zu erlangen.

Wenn ich Meditation unterrichte, stelle ich oft fest, dass vor allem Männer sehr mit der Visualisation zu kämpfen haben. Immer wieder höre ich am Ende der Stunde von ihnen, dass sie zwar ein Gefühl des Friedens und des Wohlbefindens erlebt, aber nichts gesehen hätten. Ich sage ihnen immer, dass es sich dabei keineswegs um einen Rückschlag handelt, weil ihr Weg vielleicht eher über den inneren Sinn der Intuition als über die innere Sicht führt. Wenn sie völlig entspannt und mit positiven Gefühlen aus einer Meditation zurückkommen, haben sie eine beträchtliche Menge erreicht. Manche Schüler fürchten auch, dass die Dinge, die sie sehen, nur reine Einbildung sind und nichts weiter. Doch mit der Zeit werden Sie feststellen, dass sich die Vorstellungskraft sehr schnell in kreative Wahrnehmung der Realität verwandeln kann. Sie begreifen dann, dass sie aus der spirituellen Materie der mentalen und darüber liegenden Ebenen visuelle Gebilde schaffen, die konkret und wirklich sind.

Die Fähigkeit, Verbindung zu höheren Ebenen aufzunehmen, ermöglicht uns, manchmal die Akasha-Chroniken anzuzapfen, die auf den oberen mentalen Ebenen aufbewahrt werden und frühere Leben aufzeichnen. Einmal gelang es mir in der Meditation, mich an Szenen aus zweien meiner in Atlantis verbrachten Inkarnationen zu erinnern. Die erste dieser Begegnungen bezog auch die sehr an Kristallen interessierte Joan Fugeman mit ein. Eine Verwandte hatte ihr ein großes Stück

Kalzit gegeben, das in Suffolk am Strand von Pakefield angeschwemmt worden war. Joan war von den Schwingungen dieses Steinklumpens fasziniert. Es war ein beeindruckendes Stück von ungewöhnlicher Färbung. Es bestand hauptsächlich aus weißem Kalzit, der in einem bestimmten Licht in einem goldenen Farbton zu leuchten schien, und einige Bereiche enthielten blaue bis türkise Farbflecken. Da Joan sich zu diesem kleinen Stück Fels hingezogen fühlte, beschlossen wir, es zum Thema unserer Meditationsgruppe zu machen. Wir erhöhten unser Bewusstsein und vertieften uns in den Stein, den wir auf einen Tisch in der Mitte unseres Kreises gelegt hatten. Danach erzählte uns Joan, sie sei in der Zeit zurückgereist und habe sich in einer Epoche der Entstehung dieser Welt wiedergefunden, in der die Erde sich gerade abgekühlt und eine feste Oberfläche gebildet hatte. Sie sagte, es habe dort nur wenige Farben gegeben, hauptsächlich eintöniges Grau und Braun. Sie spürte, dass sie auf jenem Teil der Welt stand, der heute Island bildet. Sie wusste instinktiv, dass sich genau unter ihren Füßen gerade ihr Kalzit-Stück befand, das darauf wartete, abgebrochen und zu seiner heutigen Gestalt geformt zu werden.

Meine Meditation hingegen trug mich nur 18.000 Jahre zurück zu jener Insel, die heute als Atlantis bekannt ist. Ich fand mich in den Gärten eines Tempels wieder, der, wie ich später herausfand, der Heilung geweiht war. Die Wände waren aus einem weißen Material, und darüber erstreckte sich ein tiefblaues Dach, das etwas abstützte, was wie eine Kuppel aus massivem Gold aussah. Hinter dem Tempel befand sich ein großer Vulkan mit schüsselförmigem Gipfel. Das umgebende Land bestand aus reichen Weiden und war von einer Fülle seltsam geformter Bäume bewachsen, die mir unbekannt waren. Ich hatte einen langen, blauen Umhang an und war damit beschäftigt, verschiedene Kräuterarten zu sammeln, die für Heiltränke bestimmt waren.

Dann veränderte sich die Szene, und ich ging im Innern des Tempels einen langen Gang entlang. Die Wände waren von einem tiefen Meergrün und schienen von einem verborgenen Licht erleuchtet zu werden. Auf beiden Seiten der Halle waren weiße Podeste, auf denen sich große Kristallstücke befanden. Jeder dieser Kristalle schien zu leuchten und Lichtstrahlen in vielen unterschiedlichen Farben auszusenden.

Am Ende des Laufstegs war ein Alkoven, in dem sich andere Steinarten befanden, und dort traf ich auf den Kalzit, der nun in Joans Obhut ist. Mittlerweile leistete mir ein Priester in weißer Robe Gesellschaft, und ich legte meine Hände um den Stein. Es handelte sich um einen Transmitter, denn ich gewann Kraft aus ihm. Der Priester erklärte mir, dass der Stein in meine Hände eine Energie aus der Erde übertrage, die für bestimmte Arten der Heilung eingesetzt werde. Da sah ich in ihm Joan an meiner Seite und wusste nun, warum sie den Stein wieder erkannt hatte.

Mein zweiter Besuch in Atlantis ereignete sich einige Zeit später und wieder während einer Gruppenmeditation. Auch dieses Mal war Joan ein Teil meiner Vision, doch wir befanden uns auf einem Kontinent, der eine viel niedrigere Schwingung hatte. Der Frieden und die Schönheit waren dahin. An diesem Ort herrschten Streit, Chaos und Schmerz. Es handelte sich um die letzten Tage von Atlantis, in denen Panik und Anarchie an der Tagesordnung waren. Auch in dieser Inkarnation arbeitete ich im Tempel, jedoch nicht als Heilerin, sondern als Spiegel-Seherin. Ich konnte in glänzenden Oberflächen die Zukunft erkennen. So hatte ich den Untergang von Atlantis bereits Jahre zuvor gesehen und vorhergesagt, weshalb die Arbeiter in den Tempeln des Lichts auf die endgültige Zerstörung ihres Heimatlandes wohl vorbereitet waren. In meiner Meditation entkamen wir von Atlantis' Küsten in etwas, das ich nur als Flöße beschreiben kann – unsere modernen Katamarane kommen dem noch am nächsten. In dieser Inkarnation lebten Joan und ich in männlicher Gestalt und teilten uns eines der Flöße. Wir befanden uns bereits weit draußen auf dem Meer, als ich zurück auf die rauchenden Ruinen unseres Landes sah. Die friedlichen Berge, die unsere nördlichen Grenzen geschützt hatten, waren zu tobenden Monstern aus Flammen und geschmolzener Asche geworden. Der Horizont wurde weithin von der wütenden Hitze des Feuers erleuchtet. Gewaltige Wellen krachten auf das Floß hernieder und stießen mich von Bord; das Letzte, woran ich mich erinnere, war, dass ich in den Tiefen des Ozeans versank, der zu meiner letzten Ruhestätte werden sollte.

Hierzulande werden verschiedene Formen der Meditation gelehrt, und ich habe viel Vergnügen an den überaus machtvollen und wunderschönen religiösen Betrachtungen der Buddhisten und der Arkana Schule gefunden. Wir alle werden intuitiv von der Methode angezogen, die wir am günstigsten empfinden. Östliche Methoden sind jedoch nicht immer mit unserem westlichen Körper und Geist vereinbar. In der östlichen Meditation steht das Aufsteigen des heiligen Feuers – die Kundalini – im Mittelpunkt, wenn sie erst dann losgelassen wird, sobald die einzuweihende Person bereit dafür ist.

Die Feuerschlange liegt im ätherischen Körper zusammengerollt an der Basis der Wirbelsäule und sollte mit Verehrung und größter Vorsicht behandelt werden. Im ätherischen Körper befinden sich zwischen den Chakren sehr feine Gewebe, die sich auflösen, wenn ein Schüler bereit ist, sich dem Schmelztiegel des Feuers hinzugeben. Leichtsinnige Menschen haben die Kundalini immer wieder um ihrer Macht willen vorzeitig erweckt. Wenn der Körper dafür jedoch noch nicht bereit ist, wird die Energie ihren Weg hinauf an der Wirbelsäule entlang erzwingen und dabei alles zersplittern und zerschmettern, was ihren Lauf behindert. Das Resultat kann in völliger Geistesgestörtheit bestehen. Darüber hinaus kann dies den ätherischen Körper für viele Leben schwächen. Spirituelle Unterfangen müssen immer langsam und sorgfältig ausgeführt werden.

Es ist notwendig, unseren Körper wie auch unseren Geist zu einem Tempel zu machen, der so vollkommen wie nur irgend möglich sein sollte. Wir sollten danach streben, unsere Gefühle zu kontrollieren und Freundlichkeit, Mitgefühl sowie eine kritiklose Haltung zeigen. Auch dabei kann Meditation hilfreich sein. In ruhigen Augenblicken können wir Affirmationen ins Spiel bringen, indem wir in Gedanken bestimmte Worte oder Sätze sprechen, die unser Bedürfnis nach einer bestimmten spirituellen Eigenschaft zum Ausdruck bringen. Hier einige Beispiele:

Ich bin reine Liebe und Vergebung.
Ich bin ein Kind Gottes, und Sein Licht leuchtet in mir.
Ich bin ein heilender Kanal für die Macht der Liebe.
Ich möchte demütiger sein, um den Willen Gottes akzeptieren zu können.

Bitten Sie einfach um die Hilfe Ihres Schutzengels, und wenn Sie dabei aufrichtig sind, werden Ihnen alle diese Eigenschaften gewährt.

Wenn uns die Meditation zu einer vertrauten Gewohnheit geworden ist, stellen wir fest, dass sich auch unsere Traummuster langsam verändern. So bemerken zum Beispiel Menschen, die bisher nur in Schwarzweiß träumten, dass ihre Traumerfahrungen farbiger werden. Auch beginnen wir, unsere nächtlichen Träume klarer zu erinnern und können manchmal auch deren Symbole ähnlich wie jene deuten, die wir in der Meditation erhalten.

Beim Einschlafen reisen wir in unseren astralen Körpern in die Lichtreiche hinauf. Diese Erfahrungen können Stunden oder auch nur wenige Sekunden lang andauern. Wenn wir uns immer erinnern könnten, wo wir jede Nacht waren und was wir dort getan haben, wären unsere alltäglichen Sorgen bald aufgelöst. Unglücklicherweise geraten unsere Träume beim Aufwachen jedoch durcheinander, werden schnell vergessen und sind so für unsere Erinnerung bald gänzlich verloren. Eine gute Übung zur Verbesserung der Traumerinnerung besteht darin, alles Erlebte unmittelbar nach dem Erwachen aufzuschreiben. Mit der Zeit wird Ihr Erinnerungsvermögen auf diese Weise trainiert, und Sie werden bald feststellen, dass Sie mehr und mehr Wissen über Ihre nächtlichen Reisen ansammeln. Ein Eingeweihter verfügt über ein vollständiges Traum-Erinnerungsvermögen und lebt daher vierundzwanzig Stunden am Tag in klarem Bewusstsein.

Ich habe bereits darauf hingewiesen, dass ich keine Astralreisen durchführe, doch ich erlebe geführte Träume, die in keinster Weise verwirrend sind und an die ich mich nach meiner Rückkehr in mein Bett vollständig erinnern kann. Bewusstes Astralreisen – jener Akt, bei dem wir uns selbst aus unserem Körper zwingen – kann sehr gefährlich sein, und selbst darin erfahrene Menschen können Unfälle nicht immer vermeiden. Ich habe eine Freundin, die diese Methode regelmäßig benutzt, um das Land jenseits des Todes zu erforschen. Sie erzählte mir von einem Unfall, der sich kurz nach Beginn ihrer Untersuchungen ereignet hatte und im Zuge dessen sie ihren physischen Körper verloren hatte und nicht in der Lage war, in ihn zurückzukehren. Zunächst geriet sie in Panik, doch dann erinnerte sie sich an ihre Halskette mit dem Kreuz. Dieses ergriff sie fest mit beiden Händen und begann dann, zu beten. Eine Sekunde später war sie sicher wieder in ihrem Körper und ihrem Bett. Das Kreuz ist ein sehr altes und machtvolles Schutzsymbol; vor allem, wenn es in einem Kreis aus Licht visualisiert wird. Es kann verwendet werden, wann immer Gefahr lauert, und sollte am Ende jeder Meditation eingesetzt werden. Es versiegelt die Chakren unseres Körpers und hindert jeden unerwünschten negativen Einfluss daran, einzudringen. Glücklicherweise ist meine Freundin sehr spirituell und wusste sofort, was zu tun war. Aber es gab auch schon Todesfälle. Man sollte sich niemals mit Kräften einlassen, die man nicht versteht. Wenn wir unseren Körper im Schlaf auf natürliche Weise verlassen, sind wir mit diesem immer sicher durch eine unsichtbare Schnur verbunden, die uns beim Erwachen augenblicklich zurückzieht; das ist jedoch während einer Astralprojektion nicht immer der Fall.

Die meisten von uns, die der Menschheit helfen, arbeiten nachts sehr hart. Wir sind uns dessen nicht immer bewusst, obwohl wir manchmal am anderen Morgen besonders müde sind. „Ich habe überhaupt nicht das Gefühl, geschlafen zu haben", sagen wir dann oft. Menschen dabei zu helfen, nach dem Tod ins Licht hinüberzugehen, ist eine der lohnendsten Aufgaben überhaupt, kann aber vor allem nach einem großen Unglück eine sehr ermüdende Arbeit sein. Meist sind die Opfer dann verwirrt, und viele weigern sich, zu glauben, dass sie gestorben sind. Sie schauen auf das Geschehen hinab und hören weiterhin den Lärm und die Schreie. Manchmal versuchen die Retter sogar noch immer, ihre Körper wiederzubeleben, was die Opfer noch verwirrter und verlorener macht. Die Tatsache, dass sie vielleicht niemals auch nur einen einzigen Gedanken an die Bedeutung des ewigen Lebens verschwendet haben, verschlimmert das Problem ebenfalls. Wir versuchen dann, ihnen Sicherheit zu geben und ihnen dabei zu helfen, sich mit ihrer eigenen Göttlichkeit abzufinden.

Ich erinnere mich noch gut an die Nacht der Tragödie von Zeebrugge. Ich half einer dunkelhaarigen jungen Frau, die schwarze, lange Stiefel trug. Sie kämpfte noch immer darum, die Stiefel von den Füßen zu ziehen und schluchzte, weil das Wasser hineingekommen war und sie hinabgezogen hatte. Für einen kurzen Augenblick wurde ich ein Teil ihrer Erinnerungen und war es nun selbst, die von den schwarzen Stiefeln unter die Wasseroberfläche gezogen wurde. Danach wusste ich genau, wie sie sich fühlte und konnte sie deshalb liebevoll trösten. Einige Zeit später wurde sie von mir genommen und sanft an einen friedlichen Ort geführt, an dem sie sich ausruhen und von ihrem Schreck erholen konnte.

Über Traumdeutung sind bereits viele Bücher geschrieben worden. Allerdings ist jeder Traum nur auf den ihn träumenden Menschen zutreffend. Dasselbe Traumerlebnis kann bei Ihnen und mir eine unterschiedliche Bedeutung haben. Ich hörte einst in einem Vortrag, es sei sehr schädlich, von Katzen zu träumen. Das beunruhigte mich, weil ich mich mindestens zweimal in der Woche im Schlaf in Begleitung dieser Wesen wiederfinde. Wurden all meine Probleme im Wachleben etwa durch meine Katzenvisionen ausgelöst? Da ich diese Theorie nicht akzeptieren konnte, beschloss ich, in der Meditation um eine Antwort auf diese Frage zu bitten. Ich setzte mich ruhig hin und wurde bald ins alte Ägypten geführt, wo ich mich in einem kleinen Tempel wiederfand, dessen Balkon auf einen Fluss hinausführte, bei dem es sich wahrscheinlich um den Nil handelte. Der Tempel war Bastet geweiht, der Göttin der Katzen. Diese Tiere wurden von den Ägyptern verehrt, und jeder, der eine Katze getötet hatte, wurde unverzüglich hingerichtet. An meiner Seite befanden sich zwei wunderschöne, silberne Tigerkatzen mit langen, eleganten Hälsen. Sie schnurrten, während ich ihre Köpfe streichelte. Man teilte mir sogar ihre Namen mit – Ziegri und Hendron. Ich weiß nicht, ob ich eine Priesterin oder nur eine Dienerin war, deren Aufgabe darin bestand, sich um diese erlesenen Tiere zu kümmern, aber es erklärt auf jeden Fall meine große Liebe zu Katzen, die bis in meine gegenwärtige Inkarnation hinein andauert. Diese Geschöpfe waren so heilig und geachtet, weil die Ägypter mit ihrer Hilfe den Abgrund zwischen dieser und der nächsten Welt überbrückten. Katzen verfügen noch heute über diese Fähigkeit und setzen sich oft auf, um eine für unsere Augen unsichtbare Wesenheit zu betrachten.

Alpträume sind eine andere Form der Aufdeckung unserer schlimmsten Ängste und Schrecken. Sie symbolisieren das Entsetzen in unserem Geist und sollen uns im Schlaf helfen, genau diese Furcht aufzulösen. Vielleicht werden Sie von einer Gestalt mit einem Dolch verfolgt, die Sie zu töten versucht. Das könnte auf eine tief sitzende Angst davor hinweisen, auf irgendeine Art verletzt zu werden. Der Dolch könnte das Zerschneiden von emotionalen Bindungen bedeuten, die für Sie nur schwer zu handhaben sind. Wenn Sie sich nun in Ihrem Alptraum herumdrehen und den Angreifer direkt ansehen, wird die Gestalt mit Ihren Problemen verschwinden.

Manche Träume stellen auch Warnungen dar. Oft warnt ein Traum vor bevorstehendem Unheil. Dabei handelt es sich um sehr klare Visionen, in denen jemand Eisenbahnunglücke oder Flugzeugabstürze sieht, die sich erst noch ereignen sollen. Diese Menschen nehmen dann einen späteren Zug oder ein anderes Flugzeug und überleben deshalb. Warnungen können aber auch in Form von Symbolen eintreffen. Einige Beispiele dafür sind:

- Sie befinden sich in einem Boot, das auf das Meer hinausgetrieben wird: Lassen Sie sich nicht zu sehr von dem vereinnahmen, was Sie tun.
- Wellen, die an den Strand donnern: Ihre Gefühle befinden sich nicht mehr unter Kontrolle und müssen gebändigt werden.
- Eine rauchende Stelle, die kurz davor ist, aufzuflammen: Verbreiten Sie keinen Klatsch, der zu Zerstörung führen und Ihrem Ruf schaden könnte.
- Ein Schlüssel bricht im Schloss ab, und Sie sitzen dadurch in einem kleinen Raum fest: Sie müssen Ihre Ansichten erweitern und einen neuen Schlüssel schmieden, der Ihren Geist für weitere Horizonte öffnen wird.

Träume geben Ihnen manchmal auch einen Anstoß und zeigen Ihnen den vor Ihnen liegenden Weg:

- Ein wunderschöner Regenbogen, dessen Ende in der Erde verschwindet: Ihr Pfad liegt klar vor Ihnen, und Sie erwartet ein Topf voller Gold, meist in Form einer spirituellen Gabe, die Sie sich verdient haben.

- Fröhlich spielende Kinder: Das könnte bedeuten, dass ein groß erscheinendes Problem in Wirklichkeit sehr klein ist und sich bald auflösen wird.
- Ein Eichhörnchen, das Nüsse sammelt: Sie erhalten eine große Menge spirituellen Wissens, das jedoch geteilt und nicht vergraben werden muss.
- Ein offen daliegendes Buch mit einem bunten Band, welches die Seite markiert: Sie haben eine schwere Lektion gelernt, doch das Band weist darauf hin, dass diese Zeit nun vorüber ist. Notieren Sie, was Sie erreicht haben, und gehen Sie zur nächsten Seite weiter.

Benutzen Sie Ihre Vorstellungskraft und haben Sie Freude daran, Ihre Träume zu deuten. Sie werden es intuitiv wissen, wenn Sie das Rätsel Ihrer nächtlichen Visionen gelöst haben. Aber auch Ihre Meditationen können auf diese Weise übersetzt werden. Genießen Sie Ihre Meditationen, ohne Zeitdruck zu empfinden. Lassen Sie sanfte Musik laufen und erlauben Sie Ihrem Schutzengel, Sie in ein Land der Farben und der lichten Klarheit zu bringen. Ihr spiritueller Weg sollte für Sie eine Freude und ein Vergnügen sein. Wenn ich Menschen beobachte, die ihre spirituellen Ziele zu erreichen versuchen, sehe ich oft sehr lange Gesichter. Gott aber ist Liebe, und Er möchte, dass wir auf unserem Weg glücklich sind. Der alte Spruch enthält viel Wahres: „Lache, und die Welt lacht mit dir – weine, und du weinst allein."

Ritt auf einem Delphin

Lassen Sie ein beruhigendes Musikstück laufen und entspannen Sie sich ein wenig, bevor Sie mit der Meditation beginnen. Schließen Sie Ihre Augen und lauschen Sie dem Fluss der Melodie. Sehen Sie sich vor Ihrem inneren Auge, wie Sie auf einem sandigen Strand mit dem Gesicht zum Meer stehen. Da Ebbe ist, brauchen Sie viel Zeit, um ans Wasser zu kommen. Unter Ihren nackten Füßen können Sie den Sand fühlen, der von der Sonne erwärmt und vom Wasser gereinigt wurde, so dass der Boden unter Ihnen frisch und sauber ist. Vor Ihnen befindet sich ein kleiner Seewassertümpel; halten Sie einen Moment inne und schauen Sie in diesen kleinen Flecken Meer hinab. Am

Boden befinden sich winzige Kiesel, an deren Oberseite Seetang treibt. Tauchen Sie einen Finger ins Wasser und berühren Sie sanft eine Krabbe, die über den Boden kriecht. Betrachten Sie die Vollkommenheit dieses Geschöpfs, das sich in vollständiger Harmonie mit seiner Umgebung befindet.

Blicken Sie nun zum blauen Himmel hinauf. Ein paar weiße Wolken ziehen vor der Sonne vorüber, und für einen Augenblick ist Schatten, wo vorher Licht war. Seemöven tauchen ins Meer und suchen nach Nahrung. Der wiederkehrende Sonnenschein lässt die ans Ufer rollenden Wellen schimmern und tanzen. Kurz bevor Sie die Wasserlinie erreichen, bemerken Sie einige große spiralförmige Muschelgehäuse, die aus dem Sand ragen. Eines von ihnen besteht aus strahlendem Perlmutt. Heben Sie dieses auf, um es an Ihr Ohr zu halten und den Geräuschen des Ozeans ganz unten am Meeresboden zu lauschen. Es ist, als würden Sie gerufen und in die Umarmung des Meeresreichs gezogen.

Nun sind Sie an der Wasserlinie angekommen. Plantschen und spritzen Sie ein wenig in dem kühlen Salzwasser herum, lassen Sie es zwischen Ihren Zehen hindurchlaufen und um Ihre Fußgelenke wirbeln. Werden Sie wieder zu einem Kind bei seiner ersten Begegnung mit dem Meer. Plötzlich bemerken Sie, dass Sie nicht alleine sind. Ein sich im seichten Wasser sonnender Delphin beobachtet Sie erstaunt. Er wendet sich um und schwimmt langsam auf das tiefere Wasser zu, und Sie erkennen, dass Sie ihm folgen sollen. Der Delphin macht ermunternde Geräusche, während Sie hinauswaten und neben diesem schönen Geschöpf zu schwimmen beginnen. Sie berühren sanft seine Seite und spüren, wie seidig seine Haut ist. Er beginnt, Sie sanft mit seiner langen Nase anzustupsen und rollt sich einladend auf seinen Rücken, damit Sie seinen Bauch streicheln können. Er unterhält sich bestens und springt unerwarteterweise aus dem Wasser, zieht einen perfekten Bogen durch die Luft und taucht dann wieder ein.

Dieses große, gelassene Säugetier schwimmt nun in Kreisen um Sie herum, und Sie erkennen, dass es Sie auffordert, auf seinen Rücken zu klettern. Mit offenem Mund lächelnd sinkt es unter Sie herab und ermöglicht Ihnen auf diese Weise, sicher an seinen Flanken hinaufzuklettern. Jetzt reiten Sie auf Ihrem Delphin durch die Wellen und erleben dabei das Hin- und Herfließen der See. Sie sind zu einem Teil des Ozeans geworden, eins mit den Fischen, den Schalentieren, dem Tang und jeder Form des Lebens. Mittlerweile leisten Ihnen weitere Delphine Gesellschaft, die mit dem Fluss der Gezeiten springen und hüpfen. Lauschen Sie ihren Rufen und versuchen Sie zu verstehen, was sie Ihnen mitteilen wollen.

Die Delphine bewegen sich auf eine kleine Insel zu, die aus dem Wasser ragt. Dort steigen Sie ab und gehen durch die Brandung auf den von Palmen umsäumten Strand zu. Durch die Blätter führt Sie ein Pfad einen kleinen Hügel hinauf zu einem grünen Plateau. Vor Ihnen befinden sich einige uralte Steine und Statuen, die ungefähr kreisförmig angeordnet sind. Sie stellen sich in das Zentrum dieses Rings und bemerken sofort, dass es sich um einen alten und heiligen Ort handelt. Der Wind der Zeit hat über diese kahle Hügelspitze geblasen, und es erscheint nur angemessen, dass Sie den Gebeten längst vergangener Zeiten Ihr eigenes hinzufügen. Setzen Sie sich in das niedrige Gras und lassen Sie die Liebe aus Ihrem Herzen mit dem Wasser der Erde zur gesamten Schöpfung Gottes fließen. Stellen Sie sich die Flüsse, Seen und riesigen Ozeane rein und klar vor. Sehen Sie in Ihrem Geist, wie alle Verschmutzung verdunstet und die Oberfläche des Planeten verlässt. Nun ist die Welt so makellos wie zu Anbeginn der Zeit.

Wenn Sie bereit sind, gehen Sie entlang des Pfads durch die Bäume wieder zurück zum Strand. Dort wartet Ihr Freund bereits auf Sie, und Sie wissen, dass auch er seine Gedanken hinaus ins Universum geschickt hat. Dieses Geschöpf ist älter und weiser als der Mensch und hat eine Entwicklungsstufe erreicht, die jener des Engelreichs entspricht.

Es ist nun an der Zeit, sich auf den Heimweg zu begeben. Setzen Sie sich wieder auf den Rücken des Delphins und gleiten Sie über die Oberfläche des Meeres. Im kristallklaren Wasser erblicken Sie viele unterschiedlich gefärbte Fische. In der Ferne sehen Sie die Fontänen der Wale und herumtollende Tümmler. Viel zu schnell erreichen Sie den vertrauten Strand, auf dem noch immer Ihre mit Wasser gefüllten Fußspuren zu sehen sind. Umarmen Sie Ihren Freund noch ein letztes Mal und wenden Sie sich dann winkend zu ihm um. Er wird in Ihren Meditationen immer auf Sie warten.

Langsam kommen Sie zurück in das Hier und Jetzt. Lassen Sie Ihre Augen noch eine Weile geschlossen, während Sie Ihren Atem ein wenig vertiefen, und sehen Sie sich selbst umgeben von einem Kreuz aus Licht, das in einem Lichtkreis steht. Sie sind völlig mit der Welt in Frieden.

Gedanken zur Reinkarnation
und dem Gesetz von Ursache und Wirkung

Während die östlichen Religionen das Gesetz der Reinkarnation und auch das von Ursache und Wirkung beinhalten, haben hier im Westen innerhalb des christlichen Bekenntnisses, das sich weigert, diesen Konzepten Glauben zu schenken, immer schwere Auseinandersetzungen getobt. Über dieses umfassende Thema sind viele Seiten und Bücher geschrieben worden, doch wie bei jedem spirituellen Gesetz kann die Wahrheit nur durch persönliche Erfahrung zur Wirklichkeit werden. Daher werde ich versuchen, meine Erfahrungen zu vermitteln, durch die ich Wissen und Einsicht in einen kleinen Teil dieser komplizierten und monumentalen Themen erlangt habe.

Reinkarnation ist die einzige Deutung des fortdauernden Seins, die für mich je einen Sinn ergeben hat. Wie kann irgendein Mensch erwarten, in nur einem einzigen Leben zum Bilde Christi zu werden? Warum gibt es Menschen, die wie Mutter Theresa ihr ganzes Leben dem Dienst am Licht widmen, während andere höchstens einen einzigen Funken dieses göttlichen Leuchtens erblicken? Warum gibt es Genies wie Einstein oder Mozart? Konnten diese Menschen tatsächlich in nur einem einzigen Leben so viel Gelehrtheit ansammeln? Natürlich nicht. Ich glaube, wir verbringen viele Inkarnationen damit, einen bestimmten Aspekt unseres Selbst zu vervollkommnen – wie ein Diamant, der geschnitten, geformt und geschliffen werden muss. Große bildende Künstler, Musiker und Schauspieler erwerben diese Fähigkeiten nicht aus purem Glück. Sie sind aufgrund der Übung durch Leben um Leben erlernt worden. Das gilt auch für Heiler, Lehrer und Medien. Unsere Zeit auf Erden ist wie ein Schulzimmer, in dem wir unsere Lektionen durch unsere Fehler lernen und schließlich unser Abgangszeugnis erhalten. Danach kehren wir zum wirklichen Leben in der geistigen Welt zurück, wo wir unser Wissen mit jener Gruppe teilen, der wir angehören. Wie für alle spirituellen Errungenschaften gilt auch hier, dass wir dies nicht nur für unser eigenes Ego tun; was wir in dieser Schulklasse erreicht haben, muss zum Nutzen aller verteilt werden. Während wir kleinen Funken uns entwickeln, dreht sich das große Rad des Schicksals weiter.

An dieser Stelle möchte ich eine außergewöhnliche Seele namens Edmund Harold besonders erwähnen. Er war einige Jahre lang Präsident der Sussex Healers und ist ein ausgezeichnetes Medium und ein hervorragender Seher, Redner, Heiler und „Abenteurer". Er hat viele Länder bereist, in denen er lehrte und seine Fähigkeiten teilte. Augenblicklich lebt er in Australien in der Nähe von Sydney. Er hat eine Reihe von Büchern zu den Themen Heilung und spirituelle Entwicklung geschrieben.

Als ich Edmund zum ersten Mal begegnete, erzählte er mir, ich habe im 16. Jahrhundert in Frankreich gelebt. Er sagte, ich habe eng mit Nostradamus zusammengearbeitet, um den Pestopfern der damaligen Zeit zu helfen. Er meinte, ich habe Schmutz und Gestank ignoriert und mich ausschließlich auf die Kranken und Sterbenden konzentriert. Nach unserer Begegnung meditierte ich über diese Gedanken und halte sie für wahr. Ich erinnere mich, dass ich als Kind träumte, von sehr kranken Menschen umgeben zu sein, die auf Strohbetten lagen. Viele von ihnen übergaben sich oder bluteten aus Mund und Nase. Doch das machte mir nichts aus; ich war damit beschäftigt, ihnen von einer Flüssigkeit aus einer flachen Tasse zu trinken zu geben.

Seitdem habe ich das Leben von Michel de Notre Dame erforscht – auch bekannt als Nostradamus – und habe einen Mann von außergewöhnlicher moralischer Stärke und Tapferkeit entdeckt. Als er zum ersten Mal mit Pestopfern zu tun bekam, arbeitete er in einer Stadt namens Aix-en-Provence. Als er im befallenen Gebiet eintraf, war ein großer Teil der Bewohner bereits tot. Es war Frühling, die Vögel sangen und die Schafe grasten auf den Feldern. In den Straßen der Stadt sah es jedoch ganz anders aus. Auf den Leichenkarren, die sich auf dem Weg zu den Massengräbern außerhalb der Stadt befanden, häuften sich die toten Opfer. Tag und Nacht erklang Glockengeläute, und die Luft stank nach verrottendem Fleisch und dem Geruch des Schreckens und des Todes. In den Straßen lagen Leichen, und die Häuser standen leer und geplündert. Inmitten all dieser Hoffnungslosigkeit begann meine Arbeit, Michel bei seiner heilenden Betreuung zu helfen.

Nostradamus kannte keine Angst vor Ansteckung. Er glaubte, ein innerlich und äußerlich sauberer Körper sei in der Lage, jede Krankheit zu bekämpfen. Er mischte Tränke aus frisch gesammelten Kräutern und hatte mit einem kleinen Stückchen zerkrümelter und dann zusammengepresster Rosenblüten besonderen Erfolg. Das erste Anzeichen dieser bösartigen Pestform war ein furchtbares Nasenbluten. Im Mund behalten wirkte dieses Rosengebräu möglicherweise keimtötend. Nostradamus arbeitete neun Monate lang in Aix und hatte dort beträchtlichen Erfolg. Anstatt Furcht brachte er den Menschen dieser angeschlagenen Stadt Optimismus. Meine enge Verbindung mit diesem großen Mann war, wie ich glaube, ein Trittstein auf meinem Heilungsweg zum Licht.

Kurz nach meinem Gespräch mit Edmund erfuhr ich in der Zeit, als ich in der Klinik von Southwick arbeitete, eine weitere Enthüllung. Eines Tages kam ein Mann mittleren Alters namens Alex in einem traurigen und erbärmlichen Zustand an. Er hatte sechs Monate zuvor einen schweren Autounfall gehabt, wobei er mehrere Knochenbrüche und eine schwere Schädelverletzung erlitten hatte, die sein Kronenchakra beeinträchtigte. Er war mehrere Tage lang bewusstlos gewesen, bevor er im Krankenhaus erwachte, um sich mehreren Operationen zu unterziehen, mit deren Hilfe seine zerschmetterten Beine und Rippen geflickt wurden. Sein physischer Körper war jedoch nicht das eigentliche Problem, denn Alex stellte fest, dass ihn der heftige Schlag auf den Kopf hellsichtig gemacht hatte. Wenn er eine Person betrachtete, konnte er deutliche Szenen aus deren Vergangenheit und manchmal sogar aus der Zukunft sehen. Alex verglich es mit einem Spielfilm, dessen Ereignisse vor seinen Augen aufblitzten. Für einen Mann, der niemals auch nur einen Gedanken an spirituelle Dinge verschwendet hatte, war dies eine Furcht erregende Angelegenheit, mit der er nur schwer fertig wurde.

Alex blieb für etwa sechs Monate bei uns, und in dieser Zeit gaben wir ihm heilende Energie und berieten ihn umfassend. Langsam begann er, seine Verfassung zu akzeptieren, ohne seinen Absturz in den Wahnsinn zu befürchten. Wir halfen ihm zu lernen, wie er die Verbindung unterbrechen konnte, damit er nicht ständig hellsichtig war. Schließlich wurde er sich der Tatsache bewusst, dass er seinen Mitmenschen mit seiner Fähigkeit helfen konnte.

Eines Abends fragte er mich: „Haben Sie Angst vor Feuer?" Ich verneinte dies und fragte, warum er sich danach erkundigt habe. Da erzählte er mir, dass ich im mittelalterlichen Frankreich als Katharerin den Tod auf dem Scheiterhaufen erlitten habe. Ich hatte dieses Wort noch nie zuvor gehört und begab mich neugierig in die nächste Bibliothek, wo ich jedoch nur wenige Informationen dazu fand. Ich entdeckte allerdings, dass es sich um eine religiöse Gruppierung handelte, die fest an Reinkarnation geglaubt hatte und im 12. und 13. Jahrhundert in Frankreich ansässig gewesen war. Sie wurden aufgrund ihrer Überzeugungen von der römisch-katholischen Kirche verfolgt und gejagt. Im Jahre 1244 schließlich wurden die Katharer zu Hunderten an einem Ort namens Montsegur zu Tode gebracht. Die Hinrichtungsmethode war dieselbe wie für alle anderen Häretiker auch: die Verbrennung auf dem Scheiterhaufen. Da ich keine Erinnerung daran und auch keine Intuition dafür hatte, selbst einmal von diesem Schicksal ereilt worden zu sein, vergaß ich das Ganze ein paar Jahre lang wieder.

Als ich jedoch der White Eagle Gemeinschaft beitrat, erfuhr ich zu meinem Erstaunen, dass zwischen den Katharern und der Gründung der Gemeinschaft eine Verbindung bestand. Ich begann, weiteres Material aufzudecken, welches die Katharer betraf – oder die Albigenser, wie man sie ebenfalls nannte. Sie waren eine überaus beliebte Gruppe von Menschen, die hauptsächlich im Schatten der Pyrenäen lebte und arbeitete. Das Wort „Katharer" bedeutet „rein", und darum drehten sich auch ihre Lehren. Sie praktizierten eine keusche und sanfte Form des Christentums, die sich in hohem Maße mit den Anweisungen der frühen Kirche in Übereinstimmung befand. Es gab keinen Pomp und kein Gepränge; die Zeremonien wurden schlicht gehalten, und die Katharer erfüllten ihre Aufgaben liebevoll im Dienste der Menschen. Es ist nicht verwunderlich, dass sie zu dieser Periode der Geschichte, in der das Leben keinen großen Wert hatte, in den umgebenden Dörfern und Städten geschätzt und verehrt wurden. Sie hielten es für nicht annehmbar, ihre Mitgeschöpfe um der Nahrung willen zu töten und hielten sich streng an die vegane Variante des Vegetarismus. Sie glaubten fest an die Wiedergeburt und hatten keine Angst vor dem Tod.

Ihre Beliebtheit und ihre unorthodoxen Überzeugungen trugen ihnen bald schon den Zorn der katholischen Kirche ein. Die Inquisition setzte ein und gipfelte in einer zehnmonatigen Belagerung von Montsegur.

Während ich über die letzten Tage dieser Festung las, fand ich Informationen, die mir die Erinnerung an meinen vorzeitigen Tod zurückbrachten. In der Gegend von Montsegur befanden sich unzählige Kalksteinhöhlen, die von den Katharern benutzt wurden. Nicht alle Angehörigen dieser Gruppe wurden bei lebendigem Leibe verbrannt; es scheint, dass man einige zusammentrieb und in die Höhlen hetzte. Danach wurde der Eingang versiegelt, und die Eingeschlossenen sahen einem langsamen und schleichenden Tod entgegen. Als ich dies las, hatte ich eine rasche und plötzliche Erinnerung. Ich sah mich mit etwa zwanzig anderen Menschen in einer Höhle im Kreis sitzen. Wir trugen ziemlich staubige weiße Roben, und unsere Köpfe waren zum Gebet gebeugt. Von draußen konnte ich die Stimmen mehrerer Männer hören, die offensichtlich damit beschäftigt waren, die Höhle zu versiegeln. Das wenige Licht verschwand schnell, und wir blieben in der Dunkelheit zurück – lediglich mit unserer Geisteskraft und dem Trost des „Consolamentum", eines im Todesfall von den Albigensern verwendeten Rituals. Ich bin der festen Überzeugung, dass in dem Moment, als wir dieses Ritual vollzogen, der Engel des Todes kam, um rasche Hilfe zu bringen.

Als Kind litt ich unter einem sich wiederholenden Alptraum, in dem ich lebendig begraben worden war. Im Traum erwachte ich und stellte fest, dass sich über meinem Kopf Erde und Steine befanden. Dann schlug ich so lange mit meinen Fäusten gegen das Hindernis, bis ich in kaltem Schweiß gebadet erwachte. Handelte es sich dabei um eine alte Erinnerung aus der Vergangenheit, die bis ins Hier und Jetzt hineinreichte, um verstanden und überwunden zu werden?

Über die Jahrhunderte hinweg ist eine Legende weitergegeben worden, die von den Schätzen von Montsegur erzählt. Es heißt, zwei Männer seien an Seilen die Wände der Festung hinabgeklettert und so entkommen. Man sagt, sie hätten einen enormen Schatz mit sich getragen, der den Katharern gehört habe und auf diese Weise aus dem Gemetzel gerettet worden sei. Manche glauben, die beiden Männer seien die Hüter des Heiligen Grals gewesen. Es ist viel Zeit vergebens mit der Suche nach diesem Gold verbracht worden, doch man fand nie etwas, und ich glaube auch nicht, dass man jemals auf ein materielles Vermögen stoßen wird. Die Gemeinschaft der Katharer hortete keine irdischen Reichtümer, denn sie teilten alles miteinander, was sie erwarben. Der Schatz befand sich in ihren Herzen; es war jener Funke der Liebe, der ihre Lehren und ihr Heilen durchzog. Sie hatten den vollkommenen Weg zum Glück gefunden: bedingungslose Liebe. Welche Schätze trugen also jene Männer, als sie an den Wänden dieser Bergzitadelle hinab flüchteten? Ich nehme an, dass es sich um Schriften handelte, die den Glauben dieser freundlichen Brüder darstellten.

Wenn wir die Gültigkeit der Reinkarnation akzeptiert haben, wird es uns möglich, das große Gesetz von Ursache und Wirkung zu untersuchen, das in den östlichen Philosophien auch als Karma bekannt ist. Karma ist das Ergebnis jeder negativen oder positiven Handlung, die wir in unseren Leben vollzogen haben. Das Gesetz von Ursache und Wirkung ist sehr genau und präzise; es kann die Waagschalen rasch ausbalancieren oder auch mehrere Leben dafür in Anspruch nehmen. Von dem Augenblick an, wo wir die Wahrheit dieses Ehrfurcht gebietenden Gesetzes verstehen, sollten wir unsere Lehren glücklichen Herzens und voller Freude empfangen. Es ist einfach wundervoll, die Möglichkeit zu erhalten, alte Schulden zurückzuzahlen und dann zu neuen Gelegenheiten voranzuschreiten! Es ist überaus wahr, dass wir ernten, was wir gesät haben. Meine Mutter hatte in ihrem Schlafzimmer ein Gedicht hängen, das wie folgt lautete:

Wenn der große Schnitter kommt
Deines Lebens Werk zu schreiben,
Notiert er nicht, ob du gewonnen oder verloren,
sondern nur, wie du gespielt hast.

Mit dem Wissen kommt die Verantwortung; wir können dem Kernpunkt nicht länger ausweichen und dabei vorgeben, unwissend zu sein. Wir wissen, dass Vergeltung folgt, wenn wir einer anderen Person Kummer bereiten. Wir erkennen, dass wir selbst unter dem Ergebnis leiden werden, wenn wir Klatsch verbreiten. Die kleine, leise Stimme des Gewissens wird lauter und beharrlicher. Wenn wir dies bemerken, haben wir die Schlacht gewonnen. Wie Jesus vor Hunderten von Jahren schon lehrte: Wir müssen lernen, die andere Wange hinzuhalten.

Das erinnert mich an einen Vorfall, der sich ereignete, als ich in einer Apotheke arbeitete. Ein Mann kam mit einem Rezept herein und gab es mir, weil ich gerade in der Nähe der Tür stand. Da ich beschäftigt war, bat ich ihn, damit zum Ladentisch zu gehen, der sich am anderen Ende des Geschäfts befand. Er jedoch fühlte sich von meinen Worten beleidigt und murmelte vor sich hin, als er nach hinten ging. Ich wandte mich zu einem anderen Angestellten und sagte: „Es ist zwar schade, aber man kann es eben nicht jedem recht machen." Unglücklicherweise hörte der Kunde mich und fing an zu schimpfen. Er benutzte einige sehr deutliche Worte, um sein Missfallen zum Ausdruck zu bringen. Normalerweise hätte ich ihn herausgefordert und wäre selbst giftig geworden. Doch dieses Mal drängte mich meine innere Stimme dazu, selbst zu tun, was ich immer predige. So stand ich einfach ruhig da und sagte kein Wort, während er seinen Ärger an mir ausließ. Noch immer das Rezept festhaltend wandte er sich schließlich in Richtung des Ladentischs und murmelte dabei: „Die ist doch verrückt."

Am nächsten Tag kam er wieder, um sich zu entschuldigen. Er ging gerade durch eine von Problemen erfüllte Lebensphase, worüber er dann mit mir sprach. Wir wurden schließlich sehr gute Bekannte. Das Karma ist wie ein Ball; es kann von einem Leben zum nächsten immer wieder hin- und herspringen, bis einer der Spieler den Zyklus aus Hass und Rache beendet. Auf dieselbe Weise drückt sich das Karma jedes Landes der Erde aus. Schlachten werden so lange gekämpft, bis man entdeckt, dass die Liebe mächtiger ist als das Schwert.

Vergebung ist ein hervorragendes Gegengift bei Karma. Als Jesus am Kreuz sagte: „Vater, vergib ihnen, denn sie wissen nicht, was sie tun", gab er ein vollkommenes Beispiel dafür. Mit diesen Worten der Vergebung befreite er seine Verfolger von ihrem Karma; mit seiner Liebe löste er all ihre üblen Taten in Nichts auf. Vergebung ist ein Teil der bedingungslosen Liebe. Wenn Sie das nächste Mal das Gefühl haben, ungerecht behandelt worden zu sein und sich nach Rache sehnen, wenden Sie dem Verursacher auch die andere Wange zu und bitten Sie darum, dass Ihren Peinigern vergeben werden möge. Versuchen Sie aus ganzem Herzen, diese Worte nicht nur zu sprechen, sondern beten Sie für die Auflösung des Karmas Ihres Gegenübers. Nun werden Sie sich nicht mehr krank vor Wut fühlen, und auch das Bedürfnis nach Rache wird verschwunden sein. Stattdessen wird Ihre Seele in einem neuen Licht erleuchten, und Sie werden einen enormen Schritt vorwärts getan haben.

Aber vergessen Sie niemals, auch sich selbst zu vergeben. Wenn Sie von Schuld und Selbstverdammnis gepeinigt werden, antwortet Ihr Körper entsprechend und wird zum Brutplatz für Erkrankungen. Ich wurde vor einigen Jahren gebeten, einer an Verdauungsproblemen leidenden Frau heilende Energie zu geben. Als ich zum ersten Mal zu Sarah kam, fand ich sie untröstlich vor; sie war melancholisch und außer sich vor Reue und Qual. Neun Monate vor unserer ersten Begegnung war sie gezwungen gewesen, ihre Mutter in ein Pflegeheim zu geben, wo diese zwischenzeitlich verstorben war. Seit nunmehr sechs Monaten hatte Sarah sich Tag und Nacht selbst beschuldigt, für den Tod ihrer Mutter verantwortlich zu sein. Sie hatte jede Form körperlichen Kontakts mit ihrem Ehemann abgebrochen, was noch zu ihrem inneren Tumult beitrug. Die Stockung in ihrem Geist hatte eine Verstopfung ihres Verdauungstrakts hervorgerufen. Das Resultat waren schwere Verdauungsstörungen, Schmerzen und schließlich sogar ein Magengeschwür. Ich begann, Sarah über eine lange Zeit hinweg zu beraten und ihr heilende Energie zu geben, und sie erkannte langsam, wie unnötig der Schmerz war, den sie sich selbst zufügte. Langsam lernte sie, sich selbst zu vergeben, und ihre Magengeschwüre verschwanden. Nun war sie frei, die Beziehung zu ihrem Mann wieder aufzunehmen und eine sehr harmonische Ehe zu genießen.

Übermäßige Trauer über einen längeren Zeitraum kann kürzlich verstorbenen Seelen übrigens Probleme bereiten. Die Sorge ihrer geliebten Familienangehörigen kann sie stetig zurück zur materiellen Ebene ziehen, was ihren Fortschritt blockieren und ihre Arbeit in den Lichtreichen behindern kann. Trauer um einen von uns gegangenen geliebten Menschen ist äußerst notwendig und auch nur menschlich, aber nicht in einem Ausmaß, das uns selbst schadet und das spirituelle Wachstum der Davongegangenen zum Stillstand bringt.

Wieder war es Jesus, der sagte: „Wer ohne Sünde ist, der werfe den ersten Stein." Wie können wir eine andere Person für ihre Vergehen kritisieren, wenn wir vor einigen Leben vielleicht dasselbe Verbrechen begangen haben? Wir alle befinden uns in unterschiedlichen Stadien unseres Wegs, gewinnen unterschiedliche Fähigkeiten und zahlen gleichzeitig bestimmte, ausgewählte Schulden ab. Nur ein Meister kann sagen, wie weit ein Schüler auf seinem Entwicklungsweg bereits gekommen ist.

Ein wunderbares Beispiel hierfür ist die Geschichte eines Mannnes von der Müllabfuhr. Er inkarnierte in eine finanziell wie materiell sehr benachteiligte Familie, in der jedoch Liebe und Lachen im Überfluss vorhanden war. Er wuchs auf, heiratete und zog mehrere Kinder auf. Da er nicht sehr ehrgeizig war, lebte er in sanfter Freundlichkeit ein einfaches Leben. Die Bäume, Tiere und Vögel in den Feldern nahe seines Zuhauses boten ihm alles Vergnügen, das er brauchte. Er verbrachte sein Leben damit, anderer Menschen Dreck und Abfall einzusammeln und auszuleeren. Als er starb, wurde er sofort in die höheren Sphären des Lichts gebracht. Zu seinem großen Erstaunen enthüllte man ihm, dass er ein Adept war, der sich eben seiner letzten Initiation unterzogen hatte, bevor er die Meisterschaft erreichte. Seine letzte Prüfung auf Erden hatte darin bestanden, die Lektion der Demut zu lernen.

Die Gefahr ist sehr groß, eine spirituelle Selbstgefälligkeit zu entwickeln und sich selbst als den anderen überlegen und ihnen weit voraus zu empfinden. Nur wenig Wissen kann in der Tat zu einer gefährlichen Angelegenheit werden. Von Zeit zu Zeit erklären mir meine Klienten, dass dieses Leben ihre letzte Umdrehung des Rads sei und sie nicht noch einmal inkarnieren müssten. Ich begrüße diese Neuigkeiten mit viel Liebe und Freude und hoffe inständig, dass sie wahr sind.

Ein wahrer Adept wird niemals damit angeben, eine hohe Entwicklungsstufe erreicht zu haben. Er wird wahrscheinlich ruhig im Hintergrund sitzen und seinen Mitsuchern dabei helfen, die ihnen zugewiesenen Aufgaben zu erfüllen. Er wird sie mit gelassenen Worten der Weisheit ermutigen und sie gleichzeitig mit seiner liebevollen und schützenden Aura umgeben.

Eine der schwierigsten Übungen besteht darin, unerwünschte Gedanken zu zügeln und zu kontrollieren. Es mag uns zwar möglich sein, andere nicht zu verletzen, indem wir schweigen, aber es ist eine ganz andere Sache, den Fluss der gehässigen Bilder zum Stillstand zu bringen. Unser Geist ist wie Quecksilber, und so manche boshafte Überlegung formt sich, ehe wir uns dessen richtig bewusst werden. Ein Weg, dies zu bekämpfen, besteht darin, den negativen Gedanken in goldenes Licht einzuhüllen. Das löst alle möglichen Auswirkungen auf, die dieser Gedanke für den Empfänger oder die Umgebung haben könnte.

Viele Menschen verstehen nicht, dass Karma auch einfach ohne „Abzahlung" aufgelöst werden kann. Wie oft habe ich gehört: „Sie können mir nicht helfen, denn das ist mein Karma, und ich muss eben damit fertig werden." Die Herren des Karmas aber repräsentieren Licht und Liebe und sind voller Siegesfreude, wenn einer ihrer jüngeren Brüder für seine Missetaten sühnen will. Ich bin der festen Überzeugung, dass jeder Fehler ausgelöscht wird und wir vollkommene Vergebung erhalten, wenn wir wahrhaftige Reue empfinden. Das heißt allerdings nicht, dass wir dasselbe Vergehen wieder und wieder begehen können, ohne die Konsequenzen dafür tragen zu müssen.

Wir können übrigens nicht nur negatives, sondern auch gutes Karma ansammeln. Jede positive Handlung, die wir jemals begangen haben, wird zur Kenntnis genommen und hilft, uns auf unserem Weg zur Erleuchtung ein paar Schritte weiterzubringen. Ich glaube, dass dies oft der Grund ist, wenn Säuglinge körperlich oder geistig eingeschränkt geboren werden. Das bringt das Gesetz der Gelegenheit ins Spiel, welches den Familien dieser Kinder die Möglichkeit gibt, sich um sie zu kümmern und ihnen zu Diensten zu stehen. Wenn sie auf eine Spezialschule gehen, erweitert sich dieses Gesetz auch auf ihre Lehrer und Fürsorger. Auch auf diese Weise können karmische Schulden abgetragen werden. Wenn jemand zum Beispiel im letzten Leben seine Frau misshandelt hat, kann er in diesem aufgerufen sein, sie zu betreuen.

Wir alle werden in eine passende Situationen hineingeboren und bringen genau jene Werkzeuge mit, die wir benötigen, um die damit verbundenen Aufgaben zu erledigen. Doch wir haben die Freiheit, zu wählen, wie wir diese Werkzeuge verwenden wollen. So können wir zum Beispiel großen Reichtum oder Macht erhalten und beides vergeuden, anstatt es zur Förderung unserer Mitmenschen einzusetzen.

Wie oft sagen wir Dinge wie zum Beispiel „Ich wünschte, ich könnte in diesem Haus leben", „Ich wünschte, ich hätte so viel Geld wie sie" oder „Ich wünschte, ich wäre so berühmt wie er"? Dabei vergessen wir, dass unser Fortschritt durch großen Reichtum oder Macht behindert werden könnte, weil dies vielleicht nicht jene Werkzeuge sind, die wir in unserer augenblicklichen Inkarnation benötigen. Wir erlangen Glück und Freude aus dem Wissen, dass wir in die richtige Richtung gehen und unser Licht für alle sichtbar leuchtet.

Ich habe lange und intensiv überlegt, um das richtige Wort zu finden, das den Leser auf seinem erwählten Weg weiterbringen wird. Man gab mir das Wort „Güte". Jesus sagte: „Liebe deinen Nächsten wie dich selbst", und das gilt heute ebenso wie damals. Wir alle genießen das Geschenk der Güte – also sollten wir es an unsere Brüder und Schwestern weitergeben, seien diese menschlich oder tierisch! Auf diese Weise können wir unseren Ärger, Neid, unseren Hass oder unsere Eifersucht verwandeln und so mehrere Facetten unseres Seelendiamanten herausschleifen.

Das Reich der Engel und Feen

Seite an Seite mit dem Menschen entwickelt sich ein weiterer wunderschöner Lebensstrom, der als das Reich der Engel bekannt ist. Diese Entwicklungslinie erstreckt sich von den Elfen, Zwergen und Feen über die Engel und Erzengel hin zu dem „Throne Gottes". Das indische Wort für Engel lautet Deva und bringt all die Weisheit, Macht und Liebe zum Ausdruck, mit welcher diese Form der Engel so zutreffend beschrieben werden kann.

Für den größten Teil der Menschheit sind Engel etwas, das einmal im Jahr ausgepackt, abgestaubt und oben auf dem Weihnachtsbaum angebracht wird. Während der restlichen 364 Tage des Jahres werden sie ignoriert. Allerdings beginnt sich dies langsam zu verändern. Das Reich der Natur und Engel wartet nur darauf, uns zu Diensten sein zu können und wird im Zuge unseres Fortschreitens in das Wassermann-Zeitalter eine große Rolle in unserer zukünftigen Entwicklung spielen. So wie wir entwickelt sich auch der devische Lebensstrom aufwärts. Wir sind Teil ihrer Erfahrungen, und so sollten auch sie Teil der unseren sein. Ihr Wahrnehmungsvermögen ist höher entwickelt als das des Menschen, und wenn einst das Reich der Tiere unsere Verständnisebene erreicht hat, werden wir zum Bewusstsein der Engel fortgeschritten sein. Dann werden sich die Engel entlang der Evolutionskette noch einen Schritt weiterbewegt haben. Wir alle gehen Seite an Seite durch dieses große Abenteuer, das wir „Leben" nennen, um die gesamte Schöpfung dieses Planeten miteinander zu verbinden und uns mit allen Wesen des devischen Stroms in Licht und Liebe zu vereinen.

Wie also können wir diesen Lichtgestalten begegnen und mit ihnen arbeiten? Wie bei allen spirituellen Vorhaben ist das Schlüsselwort auch hier „Liebe". Naturwesen und Engel haben keinen physischen Körper, und deshalb ist die niederste von ihnen bewohnbare Welt die ätherische Ebene, weshalb der Mensch sie in seltenen Fällen mit seinen leiblichen Augen sehen kann. Um sie zu erblicken, müssen wir unser Bewusstsein erhöhen, damit es auf derselben Frequenz schwingt wie die Feen und Devas. Meditation kann uns ermöglichen, diese wunderbare Vereinigung zu erreichen, denn während der Meditation schwingen wir auf einer höheren Ebene. Mit viel Übung und Liebe können wir sogar lernen, diesen freudig erhöhten Seinszustand während unseres täglichen Lebens zu erreichen und diese Licht- und Farbgestalten mit unseren Augen zu erblicken.

In meinem Buch „Im Lichtreich der Engel und Naturgeister" (Grasmück-Verlag) finden Sie weitere Informationen darüber, wie man Engel in sein Leben holen kann. Einer der ersten Engel, die ich während meiner Meditationen bewusst wahrnahm, war mein Schutzengel. Wir alle haben eine solche Wesenheit, die seit Anbeginn unserer Inkarnationen während unseres gesamten Lebens bei uns ist. Dieses Wesen hilft uns führend den rechten Weg entlang, und wenn wir schließlich jenes Entwicklungsstadium erreichen, in dem wir unseren Schutzengel anerkennen und an ihn glauben können, herrscht große Freude im Reich der Engel. Dann erkennen wir, dass wir nie mehr alleine sein werden, denn jetzt haben wir einen Freund, an den wir uns immer wenden können – jemand, der uns zuhört und uns zu helfen versucht.

Wie also haben wir diesen Schutzengel erhalten? In den frühen Stadien unserer Existenz auf dem Planeten Erde begannen unsere materiellen Körper gerade erst, Gestalt anzunehmen, und wir lebten ebenso auf der ätherischen wie auf der physischen Ebene. Zu dieser Zeit wandelten Engel Seite an Seite mit den Menschen. Das war der ursprüngliche „Garten Eden" vor dem Sündenfall. Der Mensch war männlich und weiblich zugleich, und erst, als er vom Apfel der Erkenntnis aß, spaltete er sich in zwei getrennte Geschlechter auf und verließ den „Garten". Von da an begann unsere Erinnerung an die Engel zu verblassen. Wir selbst wurden jedoch nicht von unserem ganz besonderen Engelsfreund vergessen. Dieser Freund wollte als unser Wächter dienen. Welch großes Opfer dieses Lichtwesen bringt, indem es Tausende und Abertausende von Jahren darauf wartet, dass der Mensch ein bestimmtes Stadium spiritueller Reife erreicht, und hinter ihm steht, während der Mensch so lange aus seinen Fehlern lernt, bis er ebenfalls im Lichte zu erstrahlen beginnt! Andererseits jedoch ist es gerade die Nähe zu seiner menschlichen Verantwortung, die es dem Schutzengel ermöglicht, sich selbst weiterzuentwickeln.

Wie ich meinen „Freund" traf? Ich richtete während der Meditation meine Aufmerksamkeit auf eine reinweiße Kerze und beobachtete gerade, wie die Flamme immer größer wurde, als ich bemerkte, dass die Flamme und ihr Glühen zu einer Gestalt aus reinem goldenem Licht geworden waren. Die Gestalt umfing mich mit ihren Lichtflügeln aus reiner Liebesenergie und brachte mir vollkommenen Frieden und tiefe Ruhe. Obwohl meine Seele die Antwort bereits kannte, fragte ich dieses Wesen, wer es sei. Seitdem haben wir uns oft getroffen und viele Gespräche miteinander geführt. Ich mache noch immer Fehler und stimme meinen Freund mit meiner Gedankenlosigkeit gewiss oft traurig, doch ich weiß, dass er immer da und zu helfen bereit ist, wenn es in seiner Macht steht. Denn ein Engel kann nur dann helfen, wenn dies dem Willen unserer Seele entspricht. Wenn das, was uns geschieht, Teil unseres Karmas ist oder eine Lektion darstellt, die es für uns zu erarbeiten gilt, darf er ebenfalls nicht eingreifen. Es ist ihm jedoch auch dann möglich, einen Schritt zurückzutreten und uns mit Liebe und Unterstützung zu versorgen. Von dem Augenblick an, wo Sie sich der Engel bewusst werden, wird Ihr Leben nie wieder dasselbe sein. Devas sind natürlich weder männlich noch weiblich, doch für mich ist es einfacher, von ihnen zu schreiben, wenn ich sie als „ihn" oder „sie" bezeichne.

Eines meiner größten Vergnügen besteht darin, mich in die Meditation zu versenken und die Feen und Naturgeister bei der Arbeit zu beobachten. Mit etwas meditativer Übung können auch Sie lernen, diese Wesen in Ihrem eigenen Garten mit Ihren Augen zu sehen. Sie arbeiten an den ätherischen Körpern der Bäume, Pflanzen und Blumen, wobei sie viele unterschiedliche und farbenfrohe Gestalten erschaffen und vervollkommnen. Sie arbeiten in Gruppen und unterhalten sich fröhlich und lebendig wie kleine Kinder. Sie können aber auch sehr schüchtern sein; oft versuchen sie, davonzulaufen und sich zu verstecken, wenn sie einen Menschen sehen. Sie verstehen nicht, warum wir so trübsinnig dreinschauen, denn für sie besteht das Leben nur aus Schönheit und Glück. Sie können aber auch boshaft sein. Wir sollten ihnen in unseren Meditationen immer mit Liebe und Achtung begegnen. Jede Gruppe hat einen eigenen devischen Aufseher, der die Arbeit der Naturgeister überwacht. Jedes Tal, jeder Garten und jeder Wald hat seinen eigenen, ganz besonderen Engel, der diesem Stück des Planeten Erde den Stempel seines Bewusstseins aufdrückt. Naturgeister machen aufgrund ihrer eigenen erfolgreich vollbrachten Aufgaben und der daraus entwickelten Fertigkeiten spirituelle Fortschritte und werden so schließlich zu Devas. Die Verschmutzung des Planeten macht den Engeln große Sorgen. Die furchtbare Arbeit, den ätherischen Körper der Erde von diesen chemischen Alpträumen zu reinigen und zu befreien, behindert die Entwicklung der Engel. Der Mensch jedoch erkennt nicht, welchen Schaden er sich und anderen Seinsreichen zufügt, indem er versucht, Gott zu spielen und gegen die natürlichen Kräfte dieser Erde verstößt. Die schwarzen Flecken dieses Planeten sind deutlich zu sehen und bestätigen dem Rest des Universums, welch weiten Weg die Menschheit noch zu gehen hat, bevor die Liebe im Herzen des Menschen sein Ego und sein Verlangen nach Macht überwindet.

Im Pflanzenreich sind die Bäume am weitesten fortgeschritten; jeder Baum und jeder Pflänzling hat seine eigene Deva. Dieses großartige Wesen hüllt den Baum ein und türmt sich über ihm auf, um ihn zu beschützen und über sein Wachstum unter den Händen der Pixies und Baumelfen zu wachen. Man kann durchaus lernen, diese Engel mit seinen Augen zu sehen. Suchen Sie sich einen großen Baum und stellen Sie sich so weit entfernt davon auf, dass Sie den Stamm und die Zweige vor dem Hintergrund des Himmels sehen können. Schließen Sie nun Ihre Augen ein wenig, so dass Sie leicht schielen oder durch Ihre Augenschlitze sehen. Wenn Sie nun die Baumkrone betrachten, sollten Sie darüber einen schwachen Lichtschein erblicken können. Dies ist der Beginn der ätherischen Form einer Baumdeva. Der gesamte Körper dieses Engels erscheint in Baumgrün, Braun und Rosttönen. Das Herzzentrum dieses Wesens strahlt Licht und Liebe durch die gesamte physische Erscheinungsform des Baums. Wann immer ich mich an den Stamm eines Baumes lehne, sende ich seiner Deva Liebe und bitte darum, dass seine Stärke in mich hineinfließen möge, damit auch ich mit der gesamten Schöpfung eins werden kann. Probieren Sie das einmal, wenn Sie sich müde und kraftlos fühlen. Sie werden spüren, wie sich Energie in Ihren ganzen Körper ergießt, weil die Deva Sie mit der Lebenskraft des Baumes vereint und auf diese Weise heilt. Manchmal werde ich gefragt, was geschieht, wenn ein Baum gefällt wird. Man hat mir gesagt, dass die Deva dann auf die höheren spirituellen Ebenen zurückkehrt, um zu warten, bis der Baum als junger Sämling wieder inkarniert. Auf diese Weise entwickeln sich Baum und Deva gemeinsam.

Das bringt mich zu den Engeln des Tierreichs. Jedes Tier ist Teil einer Gruppenseele innerhalb eines bestimmten Gruppenengels, der diese spezielle Art des Lebens leitet und führt. Tiere kehren nach ihrem Tod zur Gruppenseele zurück, wo sie bleiben, bis es Zeit ist, wieder zu inkarnieren. Das Leben befindet sich in ständiger Wandlung, und das gilt nirgends mehr als für die Haustiere, die aufgrund des Kontakts mit dem Menschen Einzelseelen entwickeln. Aufgrund dessen kehren viele von ihnen nach ihrem Tod nicht zur Gruppenseele zurück. Ich werde auf dieses Thema im nächsten Kapitel weiter eingehen.

Als wir den White Eagle-Tempel in New Lands besuchten, hatten Joan Fugeman und ich eine sehr interessante Begegnung mit einer Gruppendeva. Joan Hodgson und Ylana Hayward waren sehr besorgt, weil Maulwürfe überall auf dem wunderschönen Rasen, der den Tempel umgibt, ihre Erdhügel aufgeworfen hatten. Soweit das Auge sehen konnte, ragten Klumpen und Haufen aus dem Gras heraus. Die Bewohner von New Lands hatten auf jede nur menschlich mögliche Weise versucht, ihre unwillkommenen Gäste an einen anderen Ort zu verlagern; sie spielten sogar laute Popmusik, um die Maulwürfe zum Umzug zu bewegen. Doch sie hatten damit kein Glück. Die Maulwürfe genossen die harmonische Atmosphäre und beabsichtigten in keinster Weise, abzureisen. Dann versuchten wir es mit Meditation. Wir meditierten etwa zwanzig Minuten lang und stellten beide eine Verbindung zur Deva her. Als wir danach unsere Erlebnisse miteinander verglichen, entdeckten wir erstaunt, dass sich unsere Beschreibungen dieses Wesens genau deckten. Beide sahen wir einen Lichtengel mit dem Kopf und den Gesichtszügen eines Maulwurfs, und auch die Pfoten und Krallen gingen vollkommen in den Rest der Deva über. Nach diesem Ereignis gingen wir verschiedene

Wege, und es dauerte eine ganze Zeit, ehe wir von einem möglichen Ergebnis unserer Meditation hörten. Schließlich erfuhren wir jedoch, dass ein Mann nach New Lands gekommen war und sich erboten hatte, die Maulwürfe sanft in ein anderes Gebiet zu bringen, das ein ganzes Stück vom Tempel entfernt lag. Er lockte die Tiere aus ihren Gängen auf eine Schaufel und brachte sie fröhlichen Herzens in ihr neues Zuhause. So waren die Maulwürfe zufrieden, die Deva glücklich und die Bewohner von New Lands fühlten genauso.

Es gibt vier Engel der Elemente – nämlich der Erde, der Luft, des Feuers und des Wassers, die sich um unseren missbrauchten Planeten kümmern. Sie haben Helfer, die mit ihnen arbeiten: Salamander, Wassergeister, die Sylphen der Luft und so weiter. Wenn wir dabei helfen möchten, die Erde zu reinigen, ist es sehr wichtig, in unseren Gebeten und Meditationen um die Hilfe dieser Engel zu bitten. Diese unablässig an der Auflösung der Verschmutzung und Heilung der Ozonschicht arbeitenden Wesen sind von einer unbeschreiblichen Schönheit. Auch sie ergießen ihre Liebe auf die Bewohner von Mutter Erde hinab, trotz der sinnlosen Zerstörung dieses Planeten durch die Menschheit. Lasst uns hoffen, dass uns das Wassermann-Zeitalter Harmonie und allen Lebensformen die Fähigkeit bringen möge, sich in Liebe und Frieden auf der Erde, dem schönsten Planeten des Universums, zu vereinigen.

Mich ziehen jedoch die Engel der Heilung stetig an. Diese Mächte des Lichts sind uns immer nahe und warten darauf, um ihre Hilfe und ihren Dienst gebeten zu werden. Sie müssen kein Heiler sein, um ihre liebende Betreuung zu erhalten. Jeder, der ein krankes Kind oder einen engen, bedürftigen Freund hat, muss einfach nur seine Augen schließen und einen Engel der Heilung anrufen, damit dieses Wesen zum Patienten kommt. Dann werden Sie ein tröstliches und warmes Gefühl erleben; die Einsamkeit nimmt ab, und Sie werden wissen, dass Sie nicht mehr auf sich selbst gestellt sind. Vergessen Sie niemals, sich bei diesen Wesen zu bedanken und sie zu segnen.

Engel der Heilung sind überall dort anwesend, wo viele kranke Menschen zu finden sind, wie zum Beispiel Arztpraxen, Krankenhäuser usw.

Ich konnte sie schon immer mit Hilfe meines inneren Auges sehen, und im Verlauf der Jahre habe ich sie auch viele Male körperlich wahrnehmen können. Diese reinen Lichtzentren leuchten vorherrschend in den Farben Blau (Heilung) und Rosa (Liebe), wobei aus ihrem Rücken schwingenförmige Lichtstrahlen hervordringen. Ich sehe Gesichter von großer Stärke und Schönheit, doch es sind ihre Herzzentren, zu denen ich mich immer hingezogen fühle, denn diese wirbeln und strahlen die Energie reiner Liebe und Heilkraft aus, mit der sie die kranken Patienten einhüllen.

Manchmal scheint ein Patient nicht auf die Berührung der Engel anzusprechen, aber Heilung ereignet sich auf vielen unterschiedlichen Ebenen und nicht nur auf der physischen. Zur Verantwortung eines Heilers gehört es auch, dabei zu helfen, eine sterbende Seele zu jener herrlichen Wesenheit zu bringen, die wir als den „Todesengel" kennen. Auf diese Weise kann eine todkranke Person den Übergang in die geistige Welt ohne jegliche Schwierigkeit bewältigen. Zweimal habe ich den Todesengel an der Seite von sterbenden Freunden gesehen; beim zweiten Mal im Southwick im Haus zweier ganz besonderer Menschen, Tony und Jean Robbings. Dieses Ehepaar liebte Tiere und arbeitete sehr hart für dieses Reich; sie widmeten sich allen Geschöpfen Gottes mit großer Hingabe. Als ich sie kennen lernte, hatten sie sieben Katzen und fütterten eine Vielzahl von Vögeln, Pferden und Füchsen durch. Es war für alle ein großer Schock, als Tony plötzlich eine Atemwegserkrankung entwickelte und mit Lungenkrebs diagnostiziert wurde. Er ging ins Krankenhaus, wo er eine schwere Lungenoperation überlebte; dann schickte man ihn zur Erholung nach Hause. Ich besuchte ihn zwei- oder dreimal pro Woche, um ihm Heilenergie zu geben. Er war die ganze Zeit über fröhlich und optimistisch. Während der gesamten Dauer seiner Erkrankung hörte ich ihn nicht ein einziges Mal klagen, obwohl er sich oft sehr unwohl fühlte. Als ich damit begann, ihn energetisch zu betreuen, war er sehr skeptisch und konnte nicht wirklich glauben, dass ich ihm zu helfen imstande sei. Seine Frau Jean hatte mich jedoch gebeten, ihm Heilungsenergie zu geben, und er war zu höflich, um dies abzulehnen. Bald aber begann er den Nutzen meiner regelmäßigen Besuche zu spüren, die ihm den Schmerz nahmen und ihn wach und bewegungsfähig hielten. Unglücklicherweise verlor er langsam an Gewicht und wurde immer schwächer. Nach einigen Monaten wussten Jean und ich, dass es nicht mehr lange dauern konnte, ehe Tony ins Licht hinübergehen würde. Am Tag vor seinem Tod sah ich ihn zum letzten Mal. Ich gab ihm etwa zwanzig Minuten Heilenergie an seinem mittlerweile sehr dünnen Körper und wollte gerade aufhören, als er mir flüsternd sagte, wie sehr er genieße, was ich da tat, und mich bat, fortzufahren. Das tat ich gerne. Einige Minuten später bemerkte ich, dass sich die Schwingungen im Raum veränderten. Ich blickte zur Ecke neben Tonys Bett und sah, wie sich dort eine Gestalt aus reinem weißen Licht bildete, die so hell wurde, dass ich nicht mehr hinzusehen wagte, weil ich wusste, dass sie mich sonst blenden würde. In meinem Geist hörte ich die Worte: „Ich warte darauf, ihn mitzunehmen, wenn du fertig bist." Tony starb am nächsten Tag. Einige Monate später sah ich ihn auf der astralen Ebene von seinen geliebten Tieren umgeben, die ihm vorausgegangen waren. Er lächelte glücklich und war dieselbe wunderbare Seele, die ich auf unserer dichten physischen Erde kennen gelernt hatte.

Wie hätte ich nach diesen Erfahrungen jemals wieder Angst vor dem Augenblick des Hinübergehens haben können? Der Todesengel wird oft als Furcht erregende schwarze Gestalt dargestellt, doch das Wesen, das ich sah, war die reine Liebe und vollkommenes Verständnis. In seinen Armen muss der Moment des Todes wie die Berührung durch die Lippen Gottes sein. Kein Schmerz, keine Angst, nur die reine Verzückung und dann die Wiedergeburt in unser rechtmäßiges Zuhause im Reich des Lichts.

Andere Engel, die ich manchmal sehen kann, stehen mit Zeremonie und Anbetung in Verbindung. Wann immer wir ein aufrichtiges Gebet an Gott senden, formen sich Engel und Erzengel. Auch wenn ein Sakrament wie zum Beispiel eine Hochzeit oder eine Taufe durchgeführt wird, sind sie immer anwesend. Sie arbeiten an der Erhöhung der Schwingungen der betreffenden Kirche oder des Tempels, und zwar unabhängig davon, welches Glaubensbekenntnis oder welche Hautfarbe die Gläubigen darin haben. Wir alle verehren dasselbe Wesen und sind daher in den Augen Gottes gleich. Ich sehe den Zeremonien-Engel in Gold und Purpur gekleidet und mit weit geöffnetem Herzzentrum, wie er Liebe und Mitgefühl auf die Gemeinde fokussiert. Diese

Engel hören alle Gebete und verwenden deren Energie dazu, Hilfe und Heilung dorthin zu leiten, wo sie benötigt werden. Kein Gedanke wird jemals vergeudet.

Ich werde oft gefragt, warum sich die Wesen vom „kleinen Volk" in menschliche Gewänder kleiden. Das ist so, weil die Naturgeister zur Menschheit aufsehen und es lieben, diese nachzuahmen; und es gibt wohl keine bessere Art, das zu tun, als Hosen, Mäntel und Schuhe anzuziehen.

Nachdem ich bereits einige Jahre mit Engeln gearbeitet hatte – und zwar in allen möglichen Anliegen von der Bewachung meines Hauses bis zum Schutz meiner Katze – stieß ich auf ein Buch von Terry Lynn Taylor mit dem Titel *Warum Engel fliegen können*, das im Jahre 1989 in Amerika veröffentlicht worden war. Darin erklärt uns die Autorin, wie Engel uns in unserem täglichen Leben helfen können. Sie erzählt von den Engeln des Gelds, den Engeln der Arbeit und anderen Engeln, die uns bei jedem Ereignis unterstützen, dem wir im Laufe eines Tages begegnen können. Jedes Kapitel ist sehr praktisch, und es wird rasch offensichtlich, dass es sich bei Terry um eine innerlich stabile Person und ein überaus vernünftiges Wesen handelt.

Vor vielen Jahren besaß mein Mann einen alten Lieferwagen, den wir für unsere Arbeit dringend brauchten. Wenn dieses Fahrzeug nicht funktionierte, war unser Lebensunterhalt gefährdet. Peter repariert alles selbst, aber eines Tages war er beim Lieferwagen am Ende seiner Geduld angekommen. Er hatte die vergangenen zwei Stunden mit dem Versuch verbracht, ein Ersatzteil in den Motor einzufügen, doch das Metallstück wollte einfach nicht an die richtige Stelle rutschen. Ich ging ins Haus hinein, setzte mich ruhig hin und fragte den Engel, der unser Fahrzeug schützt, wenn wir unterwegs sind, ob er Peter jemanden senden könne, der ihm aus seiner misslichen Lage hilft. Fünf Minuten später kam mein Mann grinsend herein. „Du wirst es nicht glauben", sagte er, „aber das Ersatzteil fiel plötzlich ganz von selbst an die Stelle, an die es gehört!" Ich aber dankte meinem unsichtbaren Freund aus tiefstem Herzen.

Ich habe jedoch gelernt, dass man einigen Engeln sehr genau mitteilen muss, was man im Sinn hat, sonst erhält man recht seltsame Resultate. Vor einigen Monaten plante ich zwei Heilungs-Seminare, von denen das eine komplett ausgebucht und das andere nur zur Hälfte belegt war. Ich hatte das halb leere zuerst zu halten, und am Abend vor dessen Beginn erhielt ich auch noch die telefonische Nachricht, dass zwei meiner Schüler aufgrund eines Autounfalls nicht teilnehmen konnten. Nachdem ich mein Mitgefühl geäußert hatte, begriff ich, dass ich nun mindestens eine weitere Anmeldung brauchte, um den Kurs durchführen zu können. Also setzte ich mich hin und bat die sich bereits für die Kurse versammelnden Engel, noch einen weiteren Interessenten für den Wochenend-Lehrgang zu finden. Eine halbe Stunde später klingelte das Telefon, und eine sehr nette Stimme fragte, ob ich in meinem Wochenend-Kurs noch einen freien Platz hätte. „Ja", sagte ich fröhlich, „und ich freue mich schon darauf, Sie morgen zu sehen!" Da antwortete die Dame: „Oh, an diesem Wochenende kann ich nicht kommen; ich meine das nächste." Ich hatte den Fehler gemacht, den Engel nicht das Datum des Wochenendes zu nennen, für das ich noch eine weitere Person benötigte.

Ich habe bereits die großen Erzengel erwähnt, die zum Nutzen der Menschheit und unseres Planeten Erde eng mit den Meistern zusammenarbeiten. Einer dieser großen Engel, dem wir alle beizustehen lernen müssen, ist der Erzengel des Friedens. Er breitet seine Schwingen aus heilender Energie über alle Kriegsgebiete unserer Erde und umfängt Menschen wie auch Länder, die sich im Konflikt mit sich oder miteinander befinden. Um dem Erzengel des Friedens zu helfen, müssen Sie sich mit dem Christuslicht dieses Wesens verbinden und seinen reinen weißen Strahl über alle derart gequälten Länder ergießen. Beten Sie darum, dass der Frieden zu unserem Planeten kommen möge, und dass die Führer und Staatsoberhäupter von Weisheit und Demut erfüllt werden. Wie viel schneller würde das goldene Zeitalter des Verständnisses heraufdämmern, und wie viel schneller würde die Menschheit selbst zu Kindern des Lichts werden, wenn wir diese Botschaft nur mit Hilfe aller modernen Medien über den ganzen Planeten verbreiten könnten!

Beginnen Sie, das Reich der Engel in Ihrem Leben willkommen zu heißen; das ist gar nicht so schwierig. Heißen Sie die Naturgeister in Ihrem Garten willkommen und beobachten Sie, welchen Unterschied das für Ihre Ernte macht. Den Engeln die Tür zu Ihrem Zuhause zu öffnen bedeutet, Harmonie in Ihren Alltag zu bringen. Wenn Sie das Haus eines Freundes betreten, dann grüßen Sie doch die Engel dieses Heims und segnen Sie alle, die in diesen vier Wänden wohnen. Sorgen Sie dafür, dass Güte und Warmherzigkeit Ihr Denken beherrschen, dass Liebe und Frieden Ihr Ziel sind, damit die Schwingungen der Engel sich in Freundschaft vereinen und das Licht anstelle all der dunklen Flecken auf unserer Erde tritt.

Ein Spaziergang auf dem Land

Heute werden Sie durch die Meditation in Ihrem Geist einen Spaziergang auf dem Land unternehmen. Sie werden die Schönheit Ihrer Umgebung dabei viel deutlicher sehen und genießen können, als dies mit Ihren körperlichen Sinnen jemals möglich sein könnte. Entspannen Sie sich einfach und schließen Sie Ihre Augen, während Sie spüren, wie Sie ganz, ganz langsam in die Welt des Geistes hinaufgehoben werden. Sie sind nicht alleine, denn Ihr Schutzengel befindet sich direkt hinter Ihnen und hüllt Sie liebevoll in seine schützenden Schwingen. Mit Ihrem inneren Auge blicken Sie auf ein Tal hinab, das von hoch aufragenden Bergen mit Schnee bedeckten Gipfeln umgeben ist. Nun bemerken Sie, dass ein helles Licht zwischen den Gipfeln erstrahlt und über dem Tal schwebt. Beim näheren Hinsehen erkennen Sie, dass es sich um einen Engel handelt, dessen Licht in allen Farben der Natur selbst in das Tal hinabströmt, in vielen unterschiedlichen Schattierungen von Braun und Grün und Andeutungen von Blau, Rot und Gelb. Es ist möglich, dass Sie das Gesicht des Engels nicht deutlich erkennen können; blicken Sie einfach in sein Herzzentrum. Es besteht aus einem großen Lichtwirbel in allen Farben, eine Kaverne der Liebe und Erholung für dieses kleine Tal, für diesen winzigen Teil von Gottes Reich auf Erden.

Sie spüren nun, wie Sie sanft in das Tal hinabbewegt werden. Bald schon können Sie die Spitzen einiger Bäume erkennen, die zu einem großen Wald gehören. Wenn Sie genau hinsehen, erblicken Sie den Umriss einer Baumdeva, die ihre Aura ausweitet, wie um Sie in dieser Welt willkommen zu heißen. Schließlich kommen Sie am Fuße einer mächtigen Eiche zur Ruhe. Reichen Sie mit Ihren Armen so weit um den Stamm, wie es Ihnen möglich ist, lehnen Sie Ihre Wange gegen die Rinde. Erspüren Sie den Herzschlag des Baums, und lassen Sie sich von seiner Lebenskraft durchströmen. Danach danken Sie der Baumdeva für ihre Kraft und verlassen sie, nicht ohne Ihr Geschenk der Liebe und Einheit zurückzulassen.

Vor Ihnen führt ein winziger Pfad durch den Wald. Während Sie ihn entlanggehen, bemerken Sie die kleinen Frühlingsblumen, die zu beiden Seiten erblühen. Bleiben Sie einen Augenblick lang stehen und betrachten Sie die wundervollen Formen und Farben, die in einer einzigen Osterglockenblüte enthalten sind, in allen Einzelheiten. Beugen Sie sich herab, um ein Veilchen zu betrachten; halten Sie seine Blüte in Ihren Händen, ohne sie abzupflücken, und riechen Sie seinen Duft. Lauschen Sie dann dem Gesang der Vögel und spüren Sie die sanfte Brise auf Ihrem Gesicht. Es ist einfach wundervoll, an einem solchen Tag am Leben zu sein. Kümmern Sie sich nicht um Ihre Sorgen, vergessen Sie diese einfach und genießen Sie diesen Augenblick. Nun sind Sie mit dem Weg vertraut und können Ihre Blicke von einer Seite zur anderen wandern lassen. Sie werden von den Naturgeistern sorgfältig gemustert. Können Sie sehen, wie sie sich hinter den Büschen und im hohen Gras verstecken? Nun sind die Wesen zu dem Schluss gekommen, dass Sie ein Freund sind, und kommen heraus ins Sonnenlicht, damit Sie sie sehen können. Die Elfen und Pixies sind ähnlich wie Menschen gekleidet, mit Hosen und Jacken in allen möglichen Braun- und Grünschattierungen. Sie tragen kleine Stiefel an den Füßen und Mützen auf den Köpfen. Einige von ihnen sind in den Bäumen und in den Büschen damit beschäftigt, die ätherischen Körper der Pflanzen in passende Formen zu streicheln und auf diese Weise sicherzustellen, dass die Aura der Vegetation nicht unterbrochen wird. Winzige Feen sind in den Farben jener Blumen gekleidet, die sie pflegen. Sie arbeiten fröhlich für die Schönheit der Natur. Von nun an wird selbst ein Gang durch den Garten auf der irdischen Ebene für Sie nie wieder wie vorher sein.

Sie sind nun an einer Lichtung angelangt und stellen fest, dass Sie von vielen kleinen Waldtieren begleitet werden. Auf der anderen Seite der Lichtung steht ein brauner Fuchs mit einem herrlichen Schwanz. Sie sehen Hasen, Feldmäuse und Eichhörnchen, und auf dem Zweig eines Baums sitzt ein Waldkauz. Auch die Naturgeister sind an der Lichtung angekommen, und alle scheinen auf irgendetwas zu warten. Plötzlich fällt ein Lichtstrahl in die Lichtung hinab und erleuchtet die gesamte Umgebung. Eine Gestalt nimmt Form an, die Sie als den Engel wiedererkennen, der bei Ihrer Reise hinab in den Wald das Tal hütete. Er überwacht die Arbeit des „kleinen Volks" im Tal und ist gekommen, um das ganze Gebiet zu segnen. Sie erkennen, dass Sie ihm dabei gerne beistehen möchten, und während sich das Licht des Engels herabergießt, spüren Sie, wie es in Sie eintritt und Ihr Herz mit Liebe erfüllt. Lassen Sie diese Liebe nun wieder aus Ihrem Körper herausströmen und das ganze Tal umfassen und umgeben. Senden Sie diese Liebe in jeden Baum, jedes Gebüsch und jede Blume. Und so, wie dieser Segen jedes lebende Wesen in diesem Tal berührt, erfüllt und stärkt er auch Sie. Baden Sie einfach in der Herrlichkeit dieses Lichts, welches Gott selbst ist.

Langsam beginnt das Bild zu verblassen, und während Sie sich auf Ihre Reise zurück zur physischen Welt begeben, blicken Sie auf dem Weg an den Bergen vorbei noch ein letztes Mal auf die Baumspitzen hinab. Es überrascht Sie, den vertrauten Boden unter Ihnen zu spüren und zu fühlen, wie Ihre Füße fest darauf stehen. Dieses wunderbare Erlebnis können Sie jederzeit wiederholen, um Ihrem eigenen Garten, Ihren Beeten oder jedem anderen Landstrich, der Hilfe benötigt, Unterstützung zukommen zu lassen. Atmen Sie ein wenig tiefer, um sicherzustellen, dass Sie vollständig aus Ihrer Meditation zurückgekehrt sind, umgeben Sie Ihren Körper mit Licht und Liebe, und wenden Sie sich mit neuer Vitalität Ihrem täglichen Leben zu.

Das Reich der Tiere, Pflanzen und Mineralien

Als ich das Material für dieses Kapitel sammelte, erlebte ich eine tiefe und bedeutsame Meditation. Ich wurde etwa 3000 Jahre in der Geschichte zurückversetzt, in eine Zeit uralter und hoch entwickelter Zivilisationen. Damals baute Salomon gerade seinen Tempel, und die ägyptischen wie auch die chinesischen Dynastien standen in voller Blüte. Dennoch war die Erde nur dünn besiedelt, weshalb sich die anderen drei Reiche der Natur in beherrschender Position befanden.

In meiner Vision blickte ich aus dem Weltraum auf die Erde hinab und konnte einen großen Teil unseres unglaublichen Planeten erkennen. Das große Gesetz des Gleichgewichts hielt die drei niederen Reiche der Natur noch in seinem Bann. Alles befand sich in vollständiger Harmonie; jedes Reich ergänzte und erhöhte die anderen beiden. Der Mensch hatte noch nicht damit begonnen, sich in den göttlichen Plan einzumischen. In diesen Tagen sah die Menschheit sich selbst als ihrem Schöpfer unter- und nicht übergeordnet. Als ich das vor mir liegende Bild betrachtete, erkannte ich, dass ich die Erde mittlerweile von einem Punkt aus beobachtete, der mehrere Kilometer unter ihrer Oberfläche lag. Man zeigte mir die unterschiedlichen Felsschichten, von denen jede Lage Schattierungen zwischen Hellbraun über Blassgrün bis hin zu tieferen und dunkleren Farben hatte. Plötzlich betrachtete ich das Innere einer unterirdischen Höhle. Die Wände schienen mit klaren, amethystfarbenen Kristallen gespickt zu sein. Ein Fluss rauschte durch diese unterirdische Höhle, und meine Blicke folgten ihm, um auf diese Weise den Weg zurück zur Erdoberfläche zu finden. Dann wurde mein Blick von enormen Wäldern angezogen, die sich Hunderte von Kilometern in alle Richtungen erstreckten. Wohin auch immer mein Blick fiel, war alles rein und unverdorben sowie frei von Verschmutzung oder saurem Regen. Auf diesem Globus gab es keine dunklen Punkte, die Gebiete markierten, in welchen kein Leben mehr möglich war. Ich sah wilde Tierherden, die frei und ungezügelt über endloses Grasland liefen. Löwen und Elefanten marschierten mit ihren Jungen unter den schattigen Bäumen entlang und kannten keine Angst vor menschlichen Störungen. Die systematische Ausnutzung der Erde hatte noch nicht begonnen. In dieser Welt hatte die Natur ihre eigenen Mittel, mit Überbevölkerung fertig zu werden. Das Reich der Engel und die Reiche der Natur harmonisierten miteinander und befanden sich in vollkommener Übereinstimmung mit dem Gesetz des Gleichgewichts.

Man hatte mir ein Paradies gezeigt, welches unter den Schutz des Menschen gestellt worden war, damit er es für seine spirituelle Entwicklung verwenden konnte. Als die erwählten Hüter der Natur haben wir einst eine heilige Verpflichtung übernommen, und so können wir heute beim Anblick der völligen Achtlosigkeit, mit der wir dieses Reich behandeln, nur beschämt die Köpfe senken. Dennoch habe ich den Eindruck, dass die Menschheit sich langsam dessen bewusst wird, was sie da getan hat, und ich hoffe, dass es mit Hilfe der Liebe noch nicht zu spät ist, das Gleichgewicht wiederherzustellen.

Ich habe bereits erwähnt, dass der Mensch auf der aufwärts führenden Spirale der Erfüllung eines Tages den Bewusstseinsstand der Engel erreichen wird. Dann werden sich die Tiere auf die Ebene der Menschheit, das Pflanzenreich ins Wahrnehmungsstadium der Tiere und das Mineralienreich auf die pflanzliche Stufe erheben. Im Leben gibt es zu keiner Zeit Stillstand. Die Tiere bewegen sich sehr schnell entlang der Kette des Fortschritts, und wenn sie einst unseren Standard erreichen, werden sie sich ein sehr großes Stück weiterentwickelt haben. Dasselbe wird auf uns zutreffen, wenn wir die Ebene der Engel erarbeitet haben. Während die drei niederen Reiche jedoch relativ leicht aufsteigen, wird ein großer Teil der Menschheit auf der Strecke bleiben. Diese Nachzügler werden viele, viele Jahre warten müssen, bis sich für sie eine neue Gelegenheit ergibt, spirituell weiterzuwachsen.

Lasst uns niemals vergessen, dass wir alle Teil jener liebenden Energie sind, die wir Gott nennen. Jede Form des Lebens besteht aus derselben atomaren Struktur; Energie, die sich in immerwährender Bewegung befindet, sich ständig verändert und dabei immer aufwärts gerichtet ist. In diesem großen Tätigkeitsstrom sind wir alle vereint. Es gibt keine Trennung zwischen der Menschheit und allen anderen vitalen Lebensformen.

Deshalb werden wir einen Blick auf die Rolle werfen, welche die Menschheit in der Evolution der anderen drei Naturreiche auf Mutter Erde spielt.

Das Reich der Mineralien

Das Mineralienreich ist von allen Naturreichen das dichteste. Es hat einen physischen Körper und den Anfang eines einfachen ätherischen Körpers. Um sich weiterentwickeln zu können, brauchen die Mineralien die Mithilfe des Menschen. Sie müssen geschmiedet, geformt und gestaltet werden, damit sie ihren Brüdern zu Diensten sein können. Dies tut der Mensch, seit er den Feuerstein entdeckt und damit seine erste Flamme entzündet hat. Unsere Vorfahren waren einfallsreiche Handwerker und formten Kupfer, Silber, Gold und Edelsteine zu dekorativen Schöpfungen von auserlesener Schönheit. Das gibt der Menschheit jedoch nicht das Recht, alle natürlichen Ressourcen der Erde zu plündern und unseren Planeten ausgemergelt und in seinen Grundstrukturen beschädigt zu hinterlassen.

Kristalle und Edelsteine sind die Eingeweihten des Mineralienreichs. Sie wurden in ihrem Fortschreiten zunächst von der atlantischen und dann von der ägyptischen Zivilisation sowie von jener der Mayas unterstützt. In den Tempeln von Atlantis wurden Edelsteine zur Meditation und Heilung sowie zur Energieübertragung eingesetzt. Man sagt, sie seien sogar als Licht- und Energiequelle verwendet worden. Es gibt auch Hinweise darauf, dass die israelische Bruderschaft der Essener viel von diesem fortschrittlichen Wissen bewahrte. Im dunklen Mittelalter ging der größte Teil dieser Informationen verloren; nur ein kleiner Funke davon wurde durch die Mystiker dieser Zeit am Leben erhalten. Durch Geheimgesellschaften wie die Rosenkreuzer und die frühen Freimaurer wurde es bis in unsere Tage überbracht, und nun erkennen wir, dass diese unbelebten Gegenstände heilende und regenerierende Eigenschaften haben. Ebenso wird nun wiederentdeckt, dass die verschiedenen Edelsteinarten über jeweils unterschiedliche, eigene Heilungsfähigkeiten verfügen, die auf den Menschen einwirken.

So kann zum Beispiel ein Rosenquarz-Kristall als Unterstützung zur Erweckung des Herzzentrums verwendet werden. Er stellt das emotionale Gleichgewicht wieder her, schenkt Mut und vertreibt Negativität. Der Amethyst wiederum ist ein wunderbarer Heilstein und kann den Patienten, der ihn hält, reinigen sowie sein Drüsen- und Immunsystem mit Energie erfüllen. Auch in der Meditation oder beim Channeln ist er eine machtvolle Unterstützung. Er hilft dabei, das Dritte Auge und das Kronenchakra zu öffnen und wird so in Verbindung mit dem Rosenquarz zu einem perfekten Werkzeug der spirituellen Entwicklung. Jeder Gestalt des himmlischen Tierkreises ist ein Edelstein zugeordnet, der zu diesem Zeichen passt. In anderen Worten heißt dies, dass die unterschiedlichen Strahlen oder Energien, die durch ein bestimmtes Zeichen schwingen, auch im entsprechenden Stein pulsieren.

Jedes Stück Kristall oder Edelstein hat seine eigene engelhafte Erscheinungsform. Wenn Sie ein solches Mineral in der Hand halten, beginnt der Naturgeist im Inneren des Kristalls, mit Ihnen zu kommunizieren, um Ihnen mitzuteilen, wie er der Menschheit helfen kann und welche besondere Eigenschaft er hat. In meinem Buch *Im Lichtreich der Engel und Naturgeister* erzähle ich von den Ergebnissen meiner Kommunikation mit Mineralien, Pflanzen und Tieren dieser wunderschönen irdischen Ebene.

Ich habe oft bemerkt, dass Kristalle, die ich als Geschenk erhalte, eine besondere Bedeutung für mich haben. Sie wurden mit Bedacht ausgewählt, und wenn ich sie in den Händen halte, rufen sie augenblicklich ein Gefühl der Liebe und Wärme hervor. Wenn ich selbst einen Stein für mich wähle, halte ich meine Hände einen Moment lang über jeden der ausgestellten Kristalle. Manchmal erlebe ich ein Gefühl der Hitze oder einen deutlichen Zug zu einem ganz bestimmten Stein. Vor einigen Jahren war ich im wunderschönen *Rock Shop* des Naturhistorischen Museums in London und fand auf einem Regal einen sehr weichen Stein von lachsrosa Farbe. Ich konnte auf seiner Oberfläche ganz deutlich den Umriss eines Gesichts erkennen und wusste, dass er mich rief und ich musste ihn einfach erwerben. Ich nahm meine Neuerwerbung mit nach Hause und rührte sie mit voller

Absicht für eine lange Zeit nicht ein einziges Mal an, denn ich spürte intuitiv, dass der Stein darauf wartete, mir bei einem ganz bestimmten Unternehmen zu helfen. Als ich damit begann, dieses Buch zu schreiben, wusste ich, dass der Moment gekommen war, den Kristall in die Hand zu nehmen. Er war mein Symbol des Wissens, das ich immer dann umfassen konnte, wenn sich der Fluss der Inspiration zu einem kleinen Rinnsal verdünnte. Ich nenne ihn meinen „Meisterstein", denn er öffnet Wege zur höheren mentalen Ebene. Der Engel dieses Steins wartete mit jenem Schlüssel auf mich, der meine Tür zu größerer Wahrnehmung und deutlicherem Scharfblick öffnete.

Vor einigen Jahren schickte mir eine australische Freundin ein Geschenk. Es kam so gut verpackt an, dass ich eine ganze Weile brauchte, um es aus seiner Kiste herauszubekommen. Zu meinem großen Entzücken handelte es sich um ein herrliches Stück klaren Bergkristalls. Als ich ihn in den Händen hielt, fühlte ich, wie reine, bedingungslose Liebe mich völlig umfing. Meine Freundin hatte erklärt, dass dieser machtvolle Kristall aus dem Himalaya stammte. Im Gegensatz zu den meisten Minen werden alle in diesem Teil der Berge geschürften Mineralien mit Liebe und Achtsamkeit für Mutter Erde ausgegraben. Kein Wunder also, dass ich diese Liebe spürte! Nun hat der Stein einen ganz besonderen Ehrenplatz auf meinem Heilungsaltar.

Das Mineralienreich opfert sich für das Reich der Pflanzen auf. Alle Bäume, Pflanzen und Blumen erhalten ihre Nahrung aus der Erde. Sie nehmen über ihre Wurzeln jene Spurenelemente und damit Eigenschaften auf, die sie benötigen. Aufgrund dieser Ordnung der Dinge wachsen und gedeihen sie, um den an ihrer Seite lebenden Menschen wie auch Tieren Vergnügen und Beistand zu gewähren.

Durch den Kontakt mit der Menschheit können Steine und Mineralien bis zu einem gewissen Grad Negativität und Karma aufbauen. Wenn sie zum Beispiel für zerstörerische Handlungen verwendet werden, schlägt sich dies in ihrer Aura nieder. Genau dies geschieht, wenn wir die Metalle der Erde zu Werkzeugen des Todes schmieden.

Vor vielen Jahren bat mich eine Bekannte, sie in ihrem Heim zu besuchen und festzustellen, ob ich irgendwelche ungewöhnlichen Schwingungen spüren könne. Sie hatte das Gefühl, mit dem Haus selbst sei etwas nicht in Ordnung, da ihre ganze Familie seit einiger Zeit unter einer Reihe von Katastrophen litt. Früher hatte sie sich froh und glücklich gefühlt, wenn sie zur Haustür hereinkam, aber mittlerweile wäre sie am Ende ihres Arbeitstags am liebsten nicht mehr nach Hause zurückgekehrt. Als ich zur verabredeten Zeit eintraf, trug ich meinen Lieblings-Schutzkristall um den Hals. Beim Eintreten bat ich darum, dass das Christuslicht mir vorausgehen möge, um jeden dunklen Schlupfwinkel zu erhellen. So wanderte ich durch die Räume, und als ich mich dem Wohnzimmer näherte, wusste ich, dass ich gefunden hatte, wonach ich suchte. Aus einer Glasvitrine im Gang kam eine starke, negative Macht. Im Inneren waren verschiedene kleine Gegenstände angeordnet, die wie eine Sammlung metallener Artefakte aussahen. Die Frau erzählte, diese Gegenstände seien alle von ihrem Ehemann ausgegraben worden, der ein Hobby-Metallsucher war. Darüber wusste ich Bescheid, weil auch Peter und ich schon viele vergnügte Stunden damit verbracht hatten, auf Pfaden und am Strand mit jenen Geräten zu suchen, die eigens zum Erspüren von Metall konstruiert worden sind. Ich fand es faszinierend, Münzen und andere historische Gegenstände ans Tageslicht zu bringen.

Ich entdeckte bald etwas, das wie ein alter Dolch aussah. Es war schwierig, eine genaue Form zu erkennen, denn der Gegenstand war sehr zerschlagen und abgenutzt. Doch als ich ihn in die Hand nahm, lief mir ein Schauer den Rücken hinab, und ich bekam den deutlichen Eindruck, dass er als Opferwerkzeug verwendet worden war. Ich schlug der Gastgeberin vor, ihren Mann zu bitten, sich dieses Metallhaufens zu entledigen, indem er ihn auf freiem Land wieder tief unter der Erde zur Ruhe bettete. Das geschah auch, und bald normalisierte sich die Stimmung in ihrem Haus; es fand zu seiner alten, hellen und sonnigen Atmosphäre zurück. Ich möchte erwähnen, dass solche Situationen sehr selten sind, aber es ist durchaus möglich, dass starke Einflüsse noch über Jahrhunderte hinweg auf uns einwirken und Eingang in die moderne Welt gewinnen.

Das Reich der Pflanzen

Das pflanzliche Reich ist ein wenig weiter fortgeschritten als das mineralische. Es verfügt über einen physischen Körper, einen starken ätherischen und über die Anfänge eines astralen Leibes. Die astrale Ebene ist das Gebiet der Gefühle, und Pflanzen sprechen durchaus auf Wärme und Zuneigung an. Es ist bestens belegt, dass Zimmerpflanzen, mit denen liebevoll gesprochen wird, besser gedeihen als solche, die sich selbst überlassen bleiben. In meinem Wohnzimmer befinden sich viele Zimmerpflanzen, die unter meiner liebevollen Betreuung offensichtlich geradezu aufblühen – und interessanterweise ist dies auch der Raum, in dem ich Heilungssitzungen durchführe.

Auch hier wirkt der Mensch unterstützend auf die Entwicklung eines Reiches ein, indem er Pflanzen nährt und sie als Nahrungsquelle benutzt. Die Pflanzen wiederum opfern sich im Dienste der Menschheit.

Wir bauen Pflanzen an und kochen sie, um Leben zu erhalten, denn ohne diese Nahrung würden wir sterben. Mittlerweile ist jedoch erkannt worden, dass Pflanzen um ein Vielfaches gesünder sind, wenn sie roh gegessen werden. Dann bleiben all jene Vitamine und Spurenelemente erhalten, die beim Kochen zerstört werden[2]. Die Essener zum Beispiel aßen ausschließlich Früchte und Beeren, die über der Erde wuchsen, und nahmen keine Wurzeln aus der Erde. Auf diese Weise waren sie in der Lage, sehr eng mit dem Reich der Engel zusammenzuarbeiten. Zum gegenwärtigen Zeitpunkt bewohnen sehr wenige von uns einen Körper, der genügend entwickelt ist, um einer derart strengen Diät standzuhalten. Das wird sich jedoch in einigen Hundert Jahren ändern. Schon jetzt werden Kinder geboren, die sich zur großen Bestürzung ihrer Eltern weigern, Fleisch zu essen. Würden sich alle Menschen dem

---

2) Bestimmte Untersuchungen (z.B. POLLMER 1994) weisen aber auch darauf hin, dass rohe Pflanzenkost nicht nur Vitamine und Spurenelemente, sondern auch eine ganze Reihe von Reiz- und Abwehrstoffen enthält, die sich auf unser Verdauungs- und Immunsystem negativ auswirken. Nicht umsonst wurde – bereits zu alttestamentarischen Zeiten! – Nahrung gekocht, um sie dieser Reizwirkung zu berauben. Sinnvoll dürfte hier (wie so oft) ein maßvolles Gleichgewicht von rohen und gekochten Pflanzenfasern sein. A.d.Ü.

Vegetarismus zuwenden, gäbe es genug Land, um die gesamte Welt zu ernähren, denn riesige Weiden müssten nicht mehr zur Fütterung von Tieren verwendet werden, die dann geschlachtet werden.

Es war ursprünglich nicht beabsichtigt, dass der Mensch beim Anbau von Nutzpflanzen Insektenschutzmittel und chemische Dünger einsetzt, die diesem Reich maßlosen Schaden und große Qualen zugefügt haben. Ich freue mich jedoch, sagen zu können, dass sich die Lage auch hier rasch ändert. Immer mehr Gärtner und Bauern wissen mittlerweile um den Begriff des „Organischen". Fernsehsendungen für Landwirtschaft und Hobbygärtner weisen vermehrt auf organische Methoden wie den natürlichen Komposthaufen hin. Auch die Ackerrandbepflanzungen kehren zurück, weil viele Bauern erkennen, dass diese Naturhecken das Getreide vor dem Wind und anderem Schaden durch die Elemente schützen. Ähnlich wird die wichtige Bedeutung von Würmern, Vögeln und anderen wilden Tieren für die natürliche Schädlingsbekämpfung mehr und mehr erkannt.

Im Pflanzenreich sind es die Bäume, aus deren Holz der Mensch die schönsten Dinge gestaltet und Häuser baut. Auch das Papier wird durch sie hergestellt, damit wir Aufzeichnungen von unserer Geschichte und unseren Errungenschaften anfertigen können.

Doch die Massenzerstörung von Waldland und Regenwäldern, die nur dazu dient, immer mehr nutzlose Konsumgüter für Reichtum und Wohlstand zu produzieren, muss aufhören. Das gesamte Gleichgewicht der Erde ist gestört worden, und das Ergebnis wird in Bezug auf unsere klimatischen Bedingungen katastrophal sein. Wir schädigen die Lungen unseres Planeten. Auf eine seltsame Weise hat die Umweltkrise dem Menschen jedoch ermöglicht, innezuhalten und über sein Erbe nachzudenken. Junge Männer und Frauen inkarnieren, die heldenhaft danach streben, die Umweltprobleme zu lösen. Wir sollten niemals vergessen, dass wir alles, was wir in diesem Leben säen, vielleicht schon das nächste Mal, wenn wir in die Materie eintauchen, ernten werden.

Die Verwendung von Pflanzen und Kräutern zu Heilzwecken ist ein anderer Vorteil, den wir aus dem Reich der Pflanzen ziehen. Frühere Zivilisationen wussten, dass Kräuter und andere Pflanzen heilende Eigenschaften zur Linderung fast jeden Leidens besitzen. Man sagt, dass Gott für jede dem Menschen bekannte Erkrankung irgendwo auf der Erde ein natürliches Heilmittel gepflanzt hat.

Wie alle Heilmittel müssen auch Kräuter und Pflanzen mit Vorsicht angewendet werden, weil sogar Naturprodukte Nebenwirkungen haben können.

Eines der sichersten und sanftesten Heilmittel sind die Bach-Blüten-Essenzen, welche nicht die Symptome, sondern die Ursachen von Erkrankungen behandeln. So wird zum Beispiel Cherry Plum zur Behandlung von Verzweiflung und der Angst vor einer psychischen Erkrankung eingesetzt, Gentian bei Zweifeln und einem Mangel an Glauben und Wild Rose bei Apathie. Die 38 Heilmittel wurden von Dr. Bach durch Intuition und aufgrund eigenen Leids entdeckt. Die in der Blüte enthaltene Energie wird extrahiert und zur Behandlung des Patienten verwendet. Ich trage für den Notfall immer eine Flasche von Dr. Bachs Rescue Remedy [im Deutschen bekannt als „Notfall-" oder „Nothelfertropfen", A.d.Ü.] in meiner Handtasche bei mir. Ein paar Tropfen dieser Essenz sind bei der Behandlung von Schocks infolge von Unfällen oder schlechten Nachrichten von großem Nutzen. Bachs Rescue Remedy hilft auch gegen Nervosität, wie sie zum Beispiel bei einem Vorstellungsgespräch oder während einer Prüfung auftreten kann. Es gibt diese Essenz sogar in Salbenform; als solche ist sie wunderbar bei Sonnenbrand oder oberflächlichen Wunden einsetzbar. Mittlerweile haben mehrere Länder eigene Blütenessenzen entwickelt, die aus den Blumen des jeweiligen Landes hergestellt werden. Vor allem die australischen Blütenessenzen sind sehr kraftvoll und von außerordentlichem Nutzen.

Bevor ich diesen Abschnitt über das Reich der Pflanzen beende, möchte ich kurz ein weiteres Reich erwähnen, das sich zwischen dem der Pflanzen und dem der Tiere befindet. Es ist das Reich der Viren, welches für das bloße Auge unsichtbar ist und vor dem 20. Jahrhundert auch unbekannt war. Auch dieses Herrschaftsgebiet befindet sich im Aufstand gegen die Menschheit, denn wieder einmal sind wir in Dinge eingedrungen, die uns nichts angehen, und haben uns in Zusammenhänge eingemischt, über die wir kaum etwas wissen. Vernünftig eingesetzt sind Antibiotika ein überaus nützliches Werkzeug, aber in neuerer Zeit haben Ärzte diese Medikamente wie Naschereien für Kinder verteilt. Als Ergebnis dessen ist unser Immunsystem zu einem so hohen Grad geschwächt worden, dass wir nicht mehr länger mit den Keimen fertig werden können, die uns angreifen[3]. Neue Belastungen wie Aids fordern viele Opfer und könnten durchaus die Rache dieses besonderen Reichs sein.

Das Reich der Tiere

Im Vergleich zum Reich der Pflanzen und Mineralien haben Tiere einen stärkeren physischen und ätherischen Körper. Auch bilden sie wesentlich leistungsfähigere astrale Leiber. Darüber hinaus beginnen sie, ihre mentale Gestalt zu entwickeln. Domestizierte Tiere wie Hunde und Katzen folgen dem Beispiel des Menschen und beginnen mit der Entwicklung von Vernunft. Durch die Verbindung mit uns lernen Tiere, sich weiterzuentwickeln, weshalb die Menschheit eine große Verantwortung ihnen gegenüber hat. Wenn wir Tieren mit Liebe und Zuneigung begegnen, antworten sie entsprechend und werden zu freundlichen und intelligenten Geschöpfen. Lehren wir sie jedoch Grausamkeit, rufen wir nicht nur auf uns selbst Karma herab, sondern ein Teil dieses Karmas färbt auch auf das Tier ab. Können wir ihnen wirklich die Schuld geben, wenn sie in ihrer nächsten Inkarnation bösartig und unkontrollierbar ins Leben treten, nachdem wir sie zu Wachhunden gemacht, in einem Zirkus gegen ihren Wunsch Kunststücke vorzuführen gezwungen oder sie für Laborexperimente verwendet haben? Durch ihre Verbindung mit der Menschheit entwickeln Tiere eine Einzelseele, die in diesem Fall Hass und nicht etwa Liebe widerspiegelt.

---

3) Eine weitere und vielleicht weitaus bedrohlichere Quelle für Antibiotika in unserem täglichen Leben sind Medikamente, die unserem Nutzvieh, aber auch importierten Fleisch- und Meeresprodukten verabreicht werden und auf diese Weise als Rückstände auf unseren Tellern enden. A.d.Ü.

Das Reich der Tiere sollte sich nicht länger für das Essvergnügen des Menschen opfern müssen. Wenn der Mensch damit aufhört, seinen Bruder zu essen, werden die Tiere seinem Beispiel folgen. Ich würde niemals auch nur daran denken, jemanden zum Vegetarismus zu zwingen, der für diese Ernährungsweise noch nicht bereit ist. Wie White Eagle sagt, sollten wir langsam und in unserer eigenen Geschwindigkeit vorgehen. Zu Beginn verzichtete ich auf alles rote Fleisch und beschränkte mich auf Huhn und Fisch. Dann hörte ich auch auf, weißes Fleisch zu essen, und gab ein Jahr später den Fisch auf. Über die Jahre hinweg haben sich meine Geschmacksknospen verändert, und ich genieße meine vegetarische Kost nun vollkommen. In dieser modernen Zeit verfügen wir über viele Schnellgerichte, die uns bei der Umstellung helfen, und die meisten Restaurants und öffentlichen Lokale haben mindestens ein oder zwei vegetarische Gerichte zur Auswahl.

Mein Körper war nie gesünder als jetzt, weil es in meinem Verdauungstrakt keine durch das Fleischessen angesammelten Giftstoffe mehr gibt. Wenn Vieh in Massenhaltung aufgezogen und dann zum Schlachthaus überführt wird, verbleibt die von diesen armen Tieren erlebte Angst im Kadaver und wird auf diese Weise in den menschlichen Körper hineingetragen. Darüber hinaus werden in der gewerblichen Landwirtschaft so viele Antibiotika verfüttert, dass wir deren Rückstände beim Essen des Fleisches wiederum in unseren eigenen Zellen einlagern und so unser Abwehrsystem schwächen. Wenn Sie das nächste Mal vor Ihrem Sonntagsbraten sitzen, sollten Sie sich vielleicht fragen, ob Sie das Tier selbst im Schlachthaus töten könnten. Sollten Sie, wenn die Antwort „nein" lautet, wirklich von einer anderen Person erwarten, dass sie dieses Gemetzel für Sie übernimmt? Es gibt mittlerweile so viele und preiswerte Eier von frei laufenden Hühnern, dass keine Entschuldigung für den Verzehr von Produkten aus Legebatterien mehr gelten kann. In kleinen Käfigen ohne Sonnenlicht und frische Luft zusammengepfercht zu sein, nimmt den Geschöpfen Gottes jede Würde. Die zunehmende Verbreitung von BSE und Salmonellen ruft in vielen Herzen Angst wach. Es ist nicht überraschend, dass diese Erkrankungen so rasch Fuß fassen konnten. Was können wir auch erwarten, wenn wir Tiere zu Kannibalen machen, indem wir sie zwingen, ihre eigene Art als Nahrung verkleidet zu essen? Der Verzicht auf Fleisch kann Ihnen einen sehr großen Schritt auf dem Weg zur Erleuchtung ermöglichen.

Wie ich in diesem Buch bereits erwähnt habe, sind Tiere hervorragend dafür geeignet, um durch sie Heilungsenergie strömen zu lassen. Es ist ein großes Vorrecht, dem Reich der Tiere als Kanal für diese Kraft dienen zu können

Unsere eigene geliebte Katze Tawny, die bereits das beachtliche Alter von neunzehn Jahren erreicht hat, wurde letztes Jahr sehr krank. Der Tierarzt meinte, sie habe wohl Nierenprobleme. So nahmen wir sie wieder mit nach Hause und gaben ihr jede Menge Heilungsenergie sowie zärtliche und liebevolle Pflege. Sie verbrachte ihre Abende normalerweise zusammengerollt auf ihrem Lieblingskissen, aber wir bemerkten, dass sie immer gegen 22:00 Uhr ihren bequemen Sitz verließ und für etwa fünfzehn Minuten verschwand. Das machte Peter und mich sehr neugierig, und wir beschlossen, ihr zu folgen, um herauszufinden, was sie in dieser Zeit unternahm. Zu unserem großen Erstaunen ging Tawny in mein Heilungs-Heiligtum, sprang auf den Hocker vor meinem Altar und saß da während der folgenden fünfzehn Minuten. Nach dem Ende ihrer Heilungssitzung sprang sie herab und kehrte wieder ins Wohnzimmer zurück. Das tat sie etwa zwei Wochen lang. Zwischenzeitlich· war ihre normale Gesundheit wieder zurückgekehrt, und sie zeigte keine weiteren Anzeichen von Nierenproblemen. Sie wusste ganz genau, wo und wie sie Heilung finden konnte.

Es gibt viele Geschichten über das Heldentum von Hunden und Katzen. Eine ganze Reihe von Familien sind durch die dringlichen Warnungen ihrer Haustiere vor Feuern gerettet worden. Wir müssen nur Blindenhunde betrachten, um zu sehen, wie sich die Liebe in diesem Tier in Dienen umformt. Das ist ein weiterer Pfad, auf dem Tiere sehr schnell in ihrer eigenen Entwicklungsspirale aufsteigen können. Bienen arbeiten für das Reich der Pflanzen, indem sie die Erde bestäuben, während sie gleichzeitig zum Vergnügen der Menschheit Honig herstellen. Ich bin der festen Überzeugung, dass Delphine dem Menschen weit voraus sind. Egal, wie wir sie behandeln, sie zeigen dennoch eine große Vorliebe für menschliche Gesellschaft und erfreuen sich daran in hohem Maße. Sie beweisen uns ihre Zuneigung, indem sie als Kanäle für heilende Energie dienen; so hat sich herausgestellt, dass psychisch Erkrankte auf die Gesellschaft dieser herrlichen Tiere positiv ansprechen. Patienten, die mit Delphinen geschwommen sind, verlassen das Wasser ruhig und gelassen; ihre Depressionen schwinden, und sie sind wieder in der Lage, ihren normalen Beschäftigungen nachzugehen. Unglücklicherweise hat der Mensch immer noch eine verheerende Wirkung auf die Gemeinschaft der Delphine und lehrt sie sogar, wie man an den Wänden von Schiffen Sprengladungen anbringt. Wenn das so weitergeht, werden diese Wesen von unserem Planeten abgezogen werden, und der Mensch wird auf ihre Schönheit und ihre Gesellschaft verzichten müssen. Allerdings arbeiten mehrere Meeresbiologen bereits hart daran, die Sprache der Delphine zu deuten, damit ihr Wissen verstanden werden und sich so ihr irdischer Daseinszweck erfüllen kann.

Ich hoffe, dass ich etwas Licht auf das Thema der Einheit der drei natürlichen Reiche werfen konnte. Wenn wir diese Reiche mehr würdigen könnten, würde sich eine glorreiche Zukunft vor uns entfalten. Dann hätte das Gesetz des Gleichgewichts die Kontrolle, und das Wassermann-Zeitalter könnte erleben, wie sich die Spirale der Errungenschaften bis hin zum Gipfel der Erfüllung erstreckt.

Reise in die drei Reiche

Während Sie entspannt und in völligem Behagen dasitzen, bemerken Sie, dass Ihr Schutzengel hinter Ihrem Stuhl steht und Sie mit seinen Flügeln des Friedens und der Liebe umhüllt. Spüren Sie, wie Sie sanft in die Reiche des Lichts hinaufgehoben werden. Für eine kurze Zeit kennen Sie keine Sorgen mehr; sie haben all diese auf dem Boden neben Ihrem Stuhl zurückgelassen.

Man hat Sie in ein grenzenloses Grasland gebracht, das sich in alle Richtungen erstreckt, soweit das Auge sehen kann. Am Himmel über Ihnen leuchtet die Mittagssonne als riesiger rotgoldener Ball. Am Horizont steigt eine Wolkengruppe auf, die wie ein Schloss mit vielen großen Türmen aussieht.

Vor Ihnen befindet sich eine prachtvolle Eiche, deren Äste so weit hinaufreichen, dass sie sich für das Auge beinahe in der blauen Luft verlieren. Der Stamm dieses sehr alten Baums ist so dick, dass Sie nicht in der Lage sind, ihn zu umfassen. Seine Wurzeln dringen so tief in den Boden vor, dass es fast scheint, als würden sie die Feuchtigkeit aus dem Mittelpunkt der Erde hinaufbringen. Sie fühlen, wie Sie langsam zu den höchsten Zweigen hinaufgehoben werden. Es gibt nichts zu fürchten, denn der Baum heißt Sie willkommen und bildet um Sie eine schützende Wand aus Blättern, so dass Sie nicht fallen können. Sie bemerken einen aus einer großen Astgabel geformten Sitz, auf dem Sie sich niederlassen. Nehmen Sie eines der Blätter in die Hand und betrachten Sie die Gestalt dieses komplizierten Gebildes. Betrachten Sie die Adern und Farben; es ist, als ob die Energie des Baums durch Ihre Hand fließt. Sie sind eins mit der Eiche geworden, die aufrecht dasteht und die Bewohner ihres Stammes und ihrer Zweige schützt. Sie bemerken die vielen Insekten und kleinen Tiere, die im Schatten des Baumes leben und geben ihnen Ihren Segen und Ihre Liebe.

Lassen Sie Ihr inneres Auge nun aus dem Baum über die weite Grasebene blicken und in die Ferne schweifen. Sie sehen wilde Antilopen und Zebras, die grasen oder in der Sonne baden. Plötzlich schreckt sie etwas auf, und nachdem die Gazellen mit hochaufgereckten Köpfen einen Augenblick die Luft erspürt haben, stürzen sie alle gemeinsam los und jagen durch die Savanne. Während sie fast ohne den Boden zu berühren durch das Gras hüpfen und springen, sind Sie eins mit ihnen. Jedes Mal, wenn Sie sich in die Luft erheben, spüren Sie, wie der Wind an Ihrem Gesicht entlangstreicht, bevor Sie den Boden wieder ganz sanft mit Ihren Füßen berühren. Sie erleben die reine Freude, am Leben und ein Teil von Gottes Schöpfung zu sein. Es gibt keine Zukunft, keine Vergangenheit mehr – nur ein immer währendes Jetzt.

Dann sind Sie wieder an der Eiche. Diesmal stehen Sie vor dem Stamm und betrachten die Wurzelstrukturen zu Ihren Füßen. Einzelne Wurzelfühler stoßen aus dem Boden hervor und erstrecken sich in einem großen Kreis vom Baum weg. Eine dieser Wurzeln bildet einen Bogen, unter dem sich ein Hohlraum befindet. In der Dunkelheit zieht etwas Glänzendes Ihre Aufmerksamkeit auf sich. Sie beugen sich vor und greifen mit Ihrer Hand in das Loch, um eine schimmernde Kugel aus Licht hervorzuholen. Es handelt sich um einen glänzenden Diamanten, dessen Facetten in allen Farben des Spektrums funkeln. Legen Sie den Edelstein an Ihr Herz; sofort spüren Sie, wie Sie ein Teil der aus diesem kreisenden Lichtball strömenden Liebe werden.

Während Sie diesen Diamanten an Ihren Oberkörper halten, spüren Sie, dass es jetzt gut ist, diese heilenden Strahlen in die Welt hinauszusenden. Fokussieren Sie Ihren inneren Blick auf ein in Krieg und Streit versinkendes Land. Umgeben Sie die Führer und Menschen dieses Landes mit Strahlen der Liebe und des Friedens. Sehen Sie dann die Mineralien, Pflanzen und Tiere dieses Landes, die ebenso der Hilfe und Heilung bedürfen. Bitten Sie darum, dass diese Reiche wieder ins Gleichgewicht gelangen und die Kräfte des Lichts wieder die Oberhand gewinnen mögen. Vielleicht möchten Sie mehrere Länder mit diesem harmonisierenden Energiestrahl erleuchten. Bleiben Sie noch einen Augenblick, bevor Sie mit Ihren Gedanken zur Eiche zurückkehren, Ihre Hände gegen den Stamm legen und Ihrer Gastgeberin für ihren Schutz und ihre Mühe danken. Senden Sie Ihre Liebe direkt in das Herz des Baums, und spüren Sie dabei, wie aus dieser uralten Eingeweihten Energie in Sie übergeht, die Ihren Körper mit Kraft und Vitalität erfüllt.

Jetzt ist es an der Zeit, in Ihr tägliches Leben zurückzukehren. Kommen Sie sanft und langsam zurück, atmen Sie noch ein wenig tiefer und stellen Sie sich vor, dass Ihr ganzes Wesen vom Licht des göttlichen Schutzes erfüllt wird. Öffnen Sie dann Ihre Augen – wissend, dass Sie erneut bereit sind, mit Ihrem Leben fortzufahren, während Sie in Ihrem Herzen den Frieden und die Standhaftigkeit spüren, welche die Engel des Lichts dort verankert haben.

Ein keltischer Segen

Der tiefe Frieden
Der gleitenden Welle sei mit dir

Der tiefe Frieden
Der fließenden Luft sei mit dir

Der tiefe Frieden
Der stillen Erde sei mit dir

Der tiefe Frieden
Der glänzenden Sterne sei mit dir

Der tiefe Frieden
Des Friedenssohnes sei mit dir

Tod, der große Räuber

Kein lebendes Wesen kann dem Tod entgehen. Ob reich oder arm, berühmt, gut oder schlecht, alle müssen irgendwann durch den Bogen dieses überaus gefürchteten Tores gehen. Es ist der größte Schrecken der meisten Menschen, die fast alles tun oder hergeben würden, um sich aus diesen Klauen zu befreien. Doch wenn Sie einen Moment innehalten und nachdenken, werden Sie erkennen, dass es sich dabei eigentlich um das willkommenste Ereignis unseres Lebens handeln sollte. Dann sind unsere Studien für dieses Leben beendet, die Schulklasse ist zu ihrem Ende gekommen, und wir gehen in unser rechtmäßiges Heim zurück. Einige der Prüfungen haben wir bestanden, während wir andere Lektionen nicht richtig gelernt haben, die wir in einer zukünftigen Inkarnation wieder aufnehmen werden, wenn sich ähnliche Gelegenheiten bieten.

Der Tod hält für mich keinerlei Schrecken mehr bereit. Wie ich bereits im ersten Kapitel dieses Buches erwähnte, begab ich mich während meiner Kindheit regelmäßig durch den Lichttunnel zurück, um mit meinen Freunden auf der anderen Seite zu spielen. Der Tod ist, als wenn man seinen Mantel und seine äußeren Kleidungsstücke ablegt und in den nächsten Raum geht. Das Leben ist in der Tat ewig; wir alle bewegen uns auf dem Pfad des Lichts, auf jener Spirale der sich entwickelnden Liebe und Weisheit aufwärts, bis wir den Gipfel des Berges erreichen und nicht mehr inkarnieren müssen. Dann treten wir in eine andere Dimension ein, wo uns neue Abenteuer erwarten.

Die Menschen sagen oft zu mir: „Aber es gibt doch keine Beweise für ein Leben nach dem Tod." Dann erzähle ich ihnen immer von einem Erlebnis, das mich ohne jeden Zweifel bezüglich der Wahrheit des Lebens zurückließ. Wie ich zuvor bereits erwähnt habe, war meine Großmutter eine Spiritistin. Ich liebte sie aus tiefstem Herzen und vermisste sie sehr, nachdem sie im Alter von neunzig Jahren friedlich verstorben war. Sie hatte immer gesagt, sie wolle das

„Leben nach dem Tod" beweisen, indem sie entweder zu meiner Mutter, zu meiner Tante Sheila oder zu mir selbst zurückkommen werde. Zu meinem großen Erstaunen kam sie zu mir. Ich hatte am Abend zuvor sehr lange gearbeitet und blieb deshalb an diesem Morgen noch eine Weile im Bett, während Peter bereits nach unten ging, um zu arbeiten. Er brachte mir noch eine Tasse Tee, und als er ging, hatte ich mich im Bett aufgesetzt, um zu trinken. Als ich gerade einen Schluck Tee nahm, sah ich durch die offene Tür am Fuße meines Bettes. Dort hatte sich ein leichter Nebel gebildet, und ich weiß noch, dass ich mich fragte, woher er wohl gekommen war. Ich schaute erneut hin und war sehr überrascht zu sehen, wie eine schwarze Handtasche Form annahm, gefolgt von einem mir sehr vertrauten Hut! Binnen Sekunden hatte sich die gesamte Gestalt meiner Großmutter, wie ich sie als Kind in Erinnerung hatte, gebildet. Das war dieselbe Großmutter, die mich in ihren Armen gehalten und getröstet hatte, wenn ich weinte, und die meinen Problemen gelauscht hatte, als ich eine Jugendliche war. Sie verließ die Tür, kam an die Seite meines Bettes, lächelte und beugte sich dann herab, um mich auf die Stirn zu küssen. Ich begann, mit ihr zu sprechen, aber sie war bereits ebenso schnell verschwunden, wie sie zu mir gefunden hatte. Noch immer hielt ich die Tasse warmen Tees in den Händen. Ich spürte keinerlei Furcht, sondern nur völlige Freude; das Leben war also in der Tat immer während. Da sich dies zu Beginn einer überaus anstrengenden Phase meines Lebens ereignete, bin ich mir sicher, dass meine Großmutter nicht nur gekommen war, um das „Leben nach dem Tode" zu beweisen, sondern auch, um mir Trost zu spenden. Es war, als ob sie gesagt hätte: „Sei zuversichtlich, denn du bist nicht alleine, und deine Sorgen werden nicht von langer Dauer sein – am Ende dieses dunklen Wegabschnitts wartet das Licht."

Mehrere Christen haben mir gesagt, dass es unklug sei, herausfinden zu wollen, was nach dem Tod geschieht, weil es Gottes Gesetzen widerspräche. Ich stimme diesen wohlmeinenden Seelen nicht zu. Wenn ich meine Ferien in einem bestimmten Land verbringen möchte, leihe ich mir Bücher aus, lese und finde so viel über mein Ziel heraus, wie mir nur irgend möglich ist. Mit den Existenzebenen jenseits des Grabes ist es nicht anders. Ich möchte nicht bestürzt und unwissend auf der anderen Seite ankommen, sondern wünsche mir, dass dort alles freundlich und vertraut ist. Ich bin mir sicher, dass dies auch der Wunsch Gottes ist, denn meiner Ansicht nach ist Er die reine Liebe und Er möchte nicht, dass seine Kinder in Angst und Schrecken sind, wenn sie den Übergang wagen und die großartigste Reise ihres „Lebens" beginnen. Deshalb werde ich in diesem Kapitel ein Bild der Ebenen jenseits des Todes wiedergeben, das ich für zutreffend halte. Ich habe im Schlaf mit Hilfe eines Führers in meinem Astralkörper mehrere verschiedene Ebenen des Bewusstseins besucht; dies also ist meine Erklärung und Beschreibung der Länder des Lichts.

Während unserer Inkarnation in einem physischen Zustand sind unsere irdischen und ätherischen Körper über eine silberne Schnur mit unseren anderen Körpern (also dem astralen, mentalen und spirituellen) verbunden. Im Augenblick des Todes reißt diese Schnur, was es uns ermöglicht, unsere schweren, dichten und ätherischen Gestalten zu verlassen und zur Erde sowie zum sie umgebenden Energiefeld zurückzukehren. Das geschieht schneller, wenn unser materieller Körper nicht begraben, sondern im Feuer bestattet wird. Wenn wir in den Lichttunnel eintreten, um unsere Reise zu den astralen Bewusstseinsebenen zu beginnen, stellen wir fest, dass wir mit der Funktionsweise unseres astralen Körpers sehr zufrieden sein können.

Die meisten Menschen sind sehr überrascht, wenn sie herausfinden, dass sie noch immer über einen Körper verfügen, der jenem nicht unähnlich ist, den sie während ihres irdischen Lebens bewohnten. Auch können sie Häuser und andere Gebäude erblicken, die beinahe wie gewohnt aussehen, obwohl hier alles viel heller erscheint, weil die Schwingungen höher sind. Manche Menschen halten sich eine Weile in Heilungstempeln und an Orten der Ruhe auf; das ist vor allem dann notwendig, wenn der Tod infolge einer unheilbaren Krankheit mit anhaltenden Schmerzen eingetreten ist. Diese friedliche Zeit hilft dabei, die astralen Gefäße dieser Menschen nach dem Schock des Übergangs wieder zu stärken. Sie werden dort mit Liebe und Hingabe von fortgeschrittenen, mit den heilenden Strahlen arbeitenden Wesen behandelt.

Die Astralebene ist ein Reich der Gefühle und Emotionen. Die dort ankommenden Menschen stellen bald fest, dass sich ihre Gewohnheiten an diesem Ort kaum von jenen unterscheiden, die sie auf der Erde hatten. Wenn ich es mir recht überlege, frage ich mich sogar, warum sie anders sein sollten. Niemand wird über Nacht zum Heiligen, nur weil er gestorben ist. Es gibt kein spirituelles Gesetz, das vorschreibt, wir müssten bei unserer Ankunft in der geistigen Welt vollkommen sein. So etwas wie die Hölle gibt es nicht – abgesehen von dem, was wir uns selbst auf Erden bereiten und was uns dann beim Eintritt in die astralen Reiche gespiegelt wird. Wenn wir in unserem irdischen Leben leuchtende und glückliche Menschen waren, jederzeit bereit, unserem Nächsten zu helfen, dann werden wir in einen hellen und heiteren Bereich des Astralen gezogen werden und dort andere von unserer Art treffen. Haben wir jedoch anderen das Leben schwer gemacht oder waren wir grausame Folterer, haben wir Tierversuche durchgeführt oder Kinder missbraucht (um nur einige Beispiele zu nennen), werden wir in ein graues, beinahe lichtloses Gebiet auf Menschen mit ähnlichen Neigungen treffen. Dieses Areal ist als die niedere astrale Ebene bekannt und beweist, dass wir selbst im Tode noch „ernten, was wir säen". Menschen, die dort eintreten, bleiben so lange an diesem Ort, bis sie ihre Taten bereuen und das Licht der Liebe zu sehen beginnen. In diesen schwarzen Gebieten wird viel Arbeit geleistet. Im Schlaf hat man mich manchmal zu den helleren dieser Regionen gebracht, und ich erinnere mich, dort einem Mann begegnet zu sein, der auf Erden ein sehr hartherziges Geschäftsleben geführt hatte. Er saß noch immer in einem Büro, telefonierte und arbeitete am Computer. Er war sehr zufrieden, sich nach wie vor an einem Ort zu befinden, an dem er seinen Finanzstatus berechnen und seine Aktien überprüfen konnte. Er hatte nie ein anderes Dasein kennen gelernt und wusste nichts von der Liebe zur Natur oder irgendeiner Art von Schönheit. Sein ganzes Leben hatte er in einer grauen Wirtschaftswelt verbracht, und jetzt war er froh darüber, auf diese Weise fortfahren zu können. Solche Personen bleiben in ihrer selbst gemachten „Hölle", bis sie auf jene Menschen ansprechen, die versuchen, ihnen Worte der Liebe und des Lichts zu bringen. Er war kein schlechter Mann, sondern nur ein Mensch mit einer Besessenheit, die geheilt werden musste. Vielleicht wird er der

Menschheit in einem zukünftigen Leben, in dem er sein geschäftliches Wissen mit der Gabe des Mitgefühls zu verbinden versteht, von großer Hilfe sein.

Die meisten Menschen stellen jedoch fest, dass es sich bei der Astralebene um einen sehr angenehmen Wohnort handelt. Sie treffen dort verwandte und geliebte Menschen, werden von ihren verstorbenen Haustieren erwartet und haben immer noch genügend Zeit, Musik zu hören und sich anderen Freizeitbeschäftigungen hinzugeben, die sie schon während ihres Erdenlebens erfreuten. Die Astralebene ist darüber hinaus das Reich der Gedankenformen, weshalb die sich dort aufhaltenden Menschen mit etwas Übung in der Lage sind, sich zum Beispiel jedes Haus zu bauen, in dem sie gerne leben möchten. Wenn sie den Wunsch haben, eine andere Gegend zu besuchen, müssen sie nur einen Gedanken aussenden, um dort zu sein.

Die Astralebene dient jedoch nicht dazu, im süßen Nichtstun herumzufaulenzen. Es gibt viel zu tun, und jene, die dafür bereit sind, finden viel Befriedigung darin, Neuankömmlingen im Reich des Lichts helfend zur Seite zu stehen und gleichzeitig selbst weiterzulernen. Die spirituell höher Entwickelten lehren, heilen und beraten, wobei sie eng mit den Brüdern und Engeln des Lichts zusammenarbeiten. Auch wenn wir tot sind, können wir der Erde sowie ihrer Bevölkerung noch immer eine enorme Unterstützung sein.

Es gibt zwei Bereiche des Astralen: das Land der Kinder und das Reich der Tiere. Ich habe beide Reiche in der Nacht besucht. Die Führerin, die mich zum Land der Kinder brachte, war ein kleines Mädchen. Nachdem ich eingeschlafen war, fand ich mich in einem Tal wieder, zu dessen Seiten sich hohe Berge auftürmten. In der Mitte dieses Tals floss ein kleiner Fluss, an dem dieses reizende Kind auf mich wartete. Ich fühlte mich, als seien wir einander in vorherigen Leben bereits viele Male begegnet, aber man gab mir keine diesbezüglichen Informationen. Sie nahm meine Hand und führte mich über eine kleine Holzbrücke in die Felder jenseits des Flusses. Dort herrschte eine große Helligkeit in wunderschönen Farben, von denen ich einige nicht beschreiben kann, weil es sie auf der irdischen Ebene nicht gibt. Ich konnte Unmengen von Kindern unterschiedlichster Nationalität sehen; einige saßen in Gruppen beieinander, während andere einfach vor sich hin spielten. Die Luft war warm, und ich fühlte, wie eine sanfte Brise mein Gesicht streichelte. Dann bemerkte ich eine Reihe von Gebäuden, die leuchtend bemalt waren, aber zugleich aus einem durchsichtigen, sich zum Himmel öffnenden Material gemacht zu sein schienen. Eine Gruppe der Kleinen wurde von einem älteren Bruder unterrichtet. Sie lachten und bauten farbenfrohe Gedankenformen in der Luft auf, wie ein Erdenkind in einem Malbuch oder auf einer Kreidetafel zeichnet. Meine kindliche Führerin leitete mich zu einer dunkelhaarigen Frau mit einem überaus schönen und mitfühlenden Gesicht. Mit dieser „Älteren" verbrachte ich den größten Teil der Nacht. Sie sprach zu mir und erklärte mir vieles in diesem Reich für Kinder. In den Gebäuden befanden sich Säuglinge und abgetriebene Kinder, die zwar gestorben waren, aber nun alle in diesem Land des Lichts aufwachsen und wie auf Erden auch zu Erwachsenen werden sollten. Misshandelte Kinder, die vor ihrem Tode niemals Freundlichkeit erlebt hatten, waren besonders gesegnet, denn hier wurden sie sehr sanft und sorgsam umhegt, indem man ihnen viel Liebe gab und sie schließlich lehrte, zu vergeben und zu verstehen, warum man so furchtbare Dinge mit ihnen getan hatte. Man sagte mir, dass die Bewohner dieser Ebene nach dem Erreichen des Erwachsenenalters oft sehr rasch reinkarnieren. Aufgrund des besonderen Unterrichts und der Aufmerksamkeit, die ihnen während ihrer Kindheit und Jugendzeit auf der Astralebene zuteil wurden, sind sie für die Menschheit während ihres Lebens auf Erden von großer Hilfe. Sie leben, um zu dienen und sind hoch spirituell. Ich wünschte, alle trauernden Eltern könnten sehen, wie glücklich ihre Kinder sind, wenn sie in die Welt des Geistes eintreten. Zu wissen, dass kein Kind jemals tot oder verloren ist, würde ihren Schmerz sehr lindern. Kein junges Leben wird jemals vergeudet, sondern nur in einer anderen Dimension fortgesetzt. Die Liebe ist der Schlüssel, der uns im Schlaf mit uns nahe stehenden Menschen verbinden kann, und mit etwas Übung ist es möglich, sich nach dem Erwachen noch lange und deutlich an diese Begegnungen zu erinnern.

Das Reich der Tiere ist ebenso schön wie der Himmel der Kinder. Es gibt dort weite Wiesen, in deren grünem Gras große Laubbäume und viele verschiedene Wildblumenarten wachsen, von denen einige noch nie auf Erden geblüht haben. Ich sah jedes uns aus der physischen Welt bekannte Tier, und alle lebten friedlich Seite an Seite. In dieser vollkommenen Umgebung ruht das Lamm tatsächlich glücklich neben dem Löwen. Wie im Land der Kinder gibt es auch hier einen besonderen Ort, wo für gequälte, misshandelte und von Furcht erfüllte Tiere nach deren Tod gesorgt wird. Ihre armen kleinen, gebrochenen Gestalten werden geheilt, und sie erfahren Liebe. Viele Menschen, die das Reich der Tiere achten, arbeiten dort nachts. Sie streicheln diese zerschmetterten kleinen Wesen und gewöhnen sie an liebevollen menschlichen Kontakt. Ich habe auch gesehen, wie man Männer und Frauen an diesen Ort brachte, die für die Grausamkeiten verantwortlich waren, unter denen diese reinsten der Geschöpfe Gottes zum Beispiel in den Versuchslaboren der Erde leiden mussten. Das Karma dieser Menschen besteht darin, so lange etwas gegen diesen bekümmernden Anblick zu tun, bis sie gelernt haben, Liebe und Mitgefühl für die Tiere zu empfinden. Niemand kann Gottes Gesetze brechen, ohne dafür in dieser oder der nächsten Welt eine Entschädigung leisten zu müssen.

Ehe wir nicht wahrhaftig bereuen und uns, unseren Gott sowie unsere Opfer um Vergebung bitten, gibt es kein Entkommen für uns.

So lässt sich auch eine besondere, schwierige Lektion erklären, die wir alle während unseres Aufenthalts auf der Astralebene irgendwann lernen müssen. Ein mitfühlender Älterer begleitet uns zu einem Haus, in dem wir uns niederlassen, um unser vergangenes Erdenleben nochmals zu betrachten. In dieser Zeit schauen wir uns unsere Fehler an und versuchen, zu verstehen, wo wir einen falschen Weg genommen haben und an welcher Stelle wir unser Leben besser hätten führen können. Während dieser Rückschau bleibt unser Führer bei uns; er kritisiert niemals, sondern gibt uns einfach seine freundliche Liebe und Unterstützung. Er weiß um unseren Kummer und Schmerz, denn er hat selbst viele Male an diesem Platz gesessen. Die Rückschau selbst findet nicht unbedingt in Form eines Films statt, sondern es ist eher so, dass blitzartige Bilder vor uns auftauchen. Jedes Mal, wenn wir an eine Stelle kommen, an der wir anderen in Wort, Tat oder Gedanken Schmerz und Leid zugefügt haben, spüren wir diesen Schmerz in unserem eigenen Herzen. Es ist eine anstrengende und reinigende Erfahrung, die in uns den Wunsch erweckt, unsere Missetaten nachträglich zu verändern. Jetzt werden Sie verstehen, warum es so wichtig ist, noch zu Lebzeiten um die Vergebung anderer zu bitten und wie Jesus am Kreuz auch selbst unseren Peinigern zu vergeben. Das macht diesen besonderen Teil unseres Aufenthalts auf der Astralebene weniger schmerzhaft. Später, auf einer höheren Ebene, halten wir dann Rückschau auf die guten und lichteren Bereiche unseres irdischen Lebens.

Nachdem wir die Freuden und Lektionen der Astralebene empfangen haben, kommt eine Zeit, wo wir erkennen, dass es in einer höheren Dimension noch mehr zu erlangen gibt. Dann möchten wir die Hallen des Lernens besuchen, unser Wissen erweitern und von unseren mentalen Körpern Gebrauch machen. Auch fühlen wir uns wieder zur Erde hingezogen, um vergangene Fehler gutzumachen und unser neu gefundenes Verständnis anzuwenden. Zuvor müssen wir jedoch alles lernen, was wir aus den mentalen Bewusstseinsebenen aufzunehmen imstande sind. Wenn wir auch nur im Geringsten spirituell entwickelt sind, haben wir uns während unseres Aufenthalts auf der Astralebene von allen negativen Gefühlen reinigen können, was uns nun ermöglicht, die volle Macht der Liebe zu erleben. Das wiederum ist die Voraussetzung dafür, sich auf der mentalen Ebene frei bewegen zu können.

Vor dem Übergang in eine höhere Schwingung ereignet sich eine Phase tiefen Schlafs, die man den „zweiten Tod" nennt. Das geschieht, um unsere Seelengefäße zu stärken und uns für die erhöhten Schwingungen vorzubereiten, die wir beim Eintritt in diese fortgeschrittene Handlungsebene erleben.

Nach dem Erwachen finden wir uns in einem Land wieder, das sich vollkommen von allem unterscheidet, was wir zuvor erlebt haben. Es ist eine Region aus reinen Gedanken, in der es kaum feste Formen gibt. Wir haben noch immer einen Körper, der jedoch beinahe durchsichtig und sehr, sehr leicht ist. Alles ist viel heller, doch die Farben wirken gedämpft und vermischen sich in vollständiger Harmonie miteinander. Hier gibt es weder Hast noch Eile, sondern nur ein Gefühl der Ruhe und des Friedens. Auch die Zeit hat an diesem Ort keine Bedeutung, weshalb wir bleiben können, solange wir wollen, um die Meister und Engel zu treffen, die zum Wohle von Mutter Erde arbeiten. Diese großen Wesen vereinen sich, um unseren Planeten mit Licht zu überfluten, wobei sie die Herzzentren fortgeschrittener Menschen nutzen, um diese Liebe bis in jedes Land und bis zu jedem lebenden Geschöpf zu verbreiten.

Das ist der Bereich, in dem jede Idee und jede Erfindung ihren Ausgangspunkt hat. Die Idee zu einem neuen Vorhaben keimt zunächst auf der mentalen Ebene. Dann erhält sie auf der Astralebene eine Gestalt, wird also sozusagen skizziert, um schließlich in der physischen Welt umgesetzt zu werden. Deshalb finden wir die Lösung für unsere Probleme oft im Schlaf; dann war es uns möglich, die mentale Ebene zu besuchen, wo wir den Ursprung unserer Antwort erhalten haben. Während unseres Aufenthalts in diesen Reichen bewegen wir uns von Ebene zu Ebene und entwickeln unseren Geist, indem wir die Lehrer der Weisheit besuchen und ihnen bei der Entwicklung neuer Ideen auf Erden helfen. Hier beginnt alle Arbeit an der fortschreitenden Entwicklung unseres Planeten. Hier werden neue Pflanzenarten eingeführt, und hier werden auch die Pläne zur Veränderung der physischen Struktur der Erde in den kommenden Zeitaltern des Menschen entwickelt. Es ist ein interessanter Gedanke, dass wir während unseres Aufenthalts auf der mentalen Ebene daran beteiligt sind, genau jene Bedingungen auf Erden zu schaffen, die wir dann in unserem nächsten Leben antreffen.

Wie ich bereits erwähnt habe, werden wir irgendwann während dieser Zeit in die Welt des Lichts gerufen, um nochmals einen Blick auf unser vorangegangenes Leben zu werfen. Doch dieses Mal handelt es sich dabei um einen fröhlichen Anlass, denn dann sehen wir noch einmal alle guten Taten, die uns gelungen sind und nehmen an all der Freude teil, die wir anderen bereitet haben. Jetzt sehen wir, wie die Saat, die wir durch unsere Hilfe für andere gesät haben, Früchte zu tragen beginnt und die Bedingungen für die Wiedergeburt einfacher macht.

Nachdem wir so viel Wissen und Weisheit in uns aufgenommen haben wie nur möglich, beginnen unsere Seelen, sich sehr stark nach einer Rückkehr in die irdische Schule zu sehnen, um eine weitere Phase des Lernens innerhalb der dichten Materie zu absolvieren. Seelen, die noch nicht spirituell erweckt sind, beginnen ihre Reise ins Irdische von dieser mentalen Ebene aus. Wenn es jedoch unser Wunsch ist, an der Weiterentwicklung unserer Mitmenschen mitzuarbeiten, müssen wir zuvor noch ein weiteres Reich des Bewusstseins besuchen: die niedere spirituelle Ebene. Nach einer weiteren Schlafphase, dem dritten Tod, finden wir uns in einem Reich aus reinem Licht wieder, in dem es nur noch die Umrisse der Formen gibt. Wer bereits einen starken spirituellen Körper entwickelt hat, ist in der Lage, sich bei seinem Aufenthalt auf dieser Ebene wiederum erhöhter Schwingungen zu erfreuen, doch die meisten Menschen verbringen diese Zeit in einem traumartigen Zustand. Doch auch in diesem Zustand wird die Schwingung des Lichtkörpers für den Einsatz im nächsten Leben verfeinert und erhöht. Wer zur Unterstützung der Menschheit eine besondere Gabe entwickelt, erhält hier von den Meistern und Engeln Anweisungen sowie Hilfe. Wenn Sie zum Beispiel die Fähigkeit entwickeln, als Heiler oder Heilerin zu arbeiten, werden nun bestimmte Farben und Lichtstrahlen in Ihren spirituellen Körper hineinverwoben. Da Sie wahrscheinlich unter dem Einfluss eines fortgeschrittenen Wesens oder eines Meisters arbeiten, werden auch Anweisungen bezüglich Ihrer Arbeit in Ihren Lichtkörper eingefügt. Bald schon wird der Zug hinab zur Erde stärker, und es ist an der Zeit, die Rückreise durch die verschiedenen Bewusstseinsebenen anzutreten, um schließlich in einer sehr vertrauten und zugleich doch nicht wieder zu erkennenden dichten Welt anzukommen.

Vor dem Beginn unserer neuen Inkarnation müssen wir jeder Daseinsebene nochmals einen Besuch abstatten, bei dem wir das Material und die Substanz der jeweiligen Ebene für die Gestaltung und Erhaltung unseres Seelengefäßes verwenden. Das geschieht zunächst auf der mentalen, dann auf der astralen und schließlich auf der ätherischen Ebene. Diese Körper werden aus Mustern vorangegangener Leben geformt. Je weiter wir fortgeschritten sind, umso feiner sind die Substanzen, aus denen diese Muster bestehen, was sie für jedes weitere Leben stärker und geeigneter macht.

Die erste Ebene, die wir erneut besuchen, ist die mentale, denn hier gibt es viel zu tun. Mit Hilfe der Engel der Gestalt verändern wir die Struktur unseres physischen Körpers entsprechend unserer neuen Umgebung auf Mutter Erde. Wir sollten uns also nie darüber beschweren, dass unsere irdischen Körper nicht die von uns gewünschten Züge haben, denn wir selbst haben dabei geholfen, sie für dieses besondere Leben passend zu entwerfen und zu gestalten. Schwächen oder Fehler in unserem Körper stammen üblicherweise aus früheren Inkarnationen. Des Weiteren treffen wir auf dieser Ebene mit den Herren des Karmas zusammen, um nach einer Rückschau auf unsere vergangenen Erfahrungen zu entscheiden, wo wir am besten alte Schulden begleichen oder unser gutes Karma zum optimalen Nutzen der Menschheit einsetzen können. Da wir hier ebenso wie auf Erden über einen freien Willen verfügen, können wir wählen, wie viel wir auf uns nehmen wollen. Außerdem bestimmen wir unsere Eltern sowie den Ort und Zeitpunkt unserer Geburt, damit wir aus unserem neuerlichen Auftritt auf der Bühne des Lebens den größtmöglichen Nutzen ziehen können. Wenn all diese Einzelheiten geklärt sind, helfen uns die Planetenengel dabei, das Horoskop für unser nächstes Eintauchen in die Materie zu gestalten, das die zukünftigen Ereignisse genau umreißt. Während wir uns in der Inkarnation befinden, kann uns jeder gute Astrologe auf der Grundlage unserer Geburtszeit und des Ortes sagen, worin unsere Lektionen bestehen und wie wir unsere Talente am besten nutzen können. Sie werden nun verstehen, wie wichtig es ist, dass Säuglinge die Welt zu dem von ihnen gewählten Zeitpunkt betreten können und nicht zu jenem, der Ärzten oder Wissenschaftlern genehm ist.

Wenn wir unsere Arbeit auf der mentalen Ebene beendet haben, besuchen wir die Regionen des astralen Reichs ein weiteres Mal. Von hier können wir Material beziehen, das es uns ermöglicht, einen sehr starken Astralkörper aufzubauen. Durch die Erfahrungen der Vergangenheit haben wir hoffentlich gelernt, einen großen Teil unserer negativen Emotionen, wie zum Beispiel Ärger oder Eifersucht, zu kontrollieren. Das wird dann von unserem Astralkörper widergespiegelt – ebenso wie das Maß der Tiefe unserer Fähigkeit zu lieben und positive Gefühle zu erwidern. All das gibt uns einen sehr guten Start in das neue Leben. Haben wir es jedoch versäumt, unsere niederen Instinkte kontrollieren zu lernen, wird auch dies in unseren Astralkörper mit hineingestaltet, wo es auf die Gelegenheit wartet, uns eine erneute Lektion zum Umgang mit unserer dunkleren Seite zu vermitteln. Darüber hinaus begegnen wir auf dieser Ebene jenen Führern und Engeln, die beschlossen haben, uns in den kommenden Jahren zu unterstützen, um mit ihnen zu sprechen und Pläne zu machen. Es ist, als ob sich eine kleine Armee zur Schlacht versammelt, wobei sie ihre Herzen und Lichtschwerter einsetzt, um die Dichte und Schwierigkeiten des Lebens auf unserer irdischen Ebene zu überwinden. Vergessen Sie niemals, dass diese Armee immer bei Ihnen ist und nur darauf wartet, um Unterstützung gebeten zu werden.

Nachdem wir diese Aufgabe beendet haben, bereiten wir uns auf die Reise zurück durch noch niedrigere Schwingungen vor, bis wir die ätherische Region erreichen. Wie ich bereits bemerkt habe, handelt es sich beim Ätherischen um das Energiefeld unseres physischen Körpers. Ohne diese vitalisierende Kraft könnten wir nicht funktionieren und würden zu unbelebten Objekten. Daran erkennen Sie, wie wichtig es ist, dass wir den Engeln der Gestalt dabei helfen, einen starken ätherischen „Doppelgänger" unserer selbst zu erschaffen. Das Maß dieser unseren physischen Körper umgebenden Lebenskraft bestimmt, inwieweit wir unsere Mitreisenden auf dem Pfad des Lebens werden unterstützen können.

Nun haben wir auch unsere letzte Aufgabe ausgeführt, und es ist nach vielen, vielen Jahren der Vorbereitung einmal mehr an der Zeit, in den Leib unserer erwählten Mutter einzutreten und unserer Geburt auf der dichtesten aller Ebenen, auf Mutter Erde, entgegenzusehen. Wieder einmal erwarten unsere Seele und unser Geist die Erfahrungen des Lebens, die uns mehr und mehr Licht schenken werden. Schließlich wird eine Zeit kommen, zu der unsere Körper derart verfeinert und von Licht erfüllt sind, dass wir nicht mehr reinkarnieren müssen. Dann wird sich das Rad des Lebens nicht mehr weiterdrehen, und wir werden unser Christuserbe angetreten haben. Von diesem Augenblick an müssen wir nur dann zur Erde zurückkehren, wenn wir es wünschen, um zum Beispiel eine besondere Aufgabe zu erfüllen – wie es Jesus vor 2000 Jahren in Israel tat.

Sehen Sie nun, dass es sich beim Leben um einen vollständigen Zyklus handelt, der von der Geburt bis zum Tod und vom Tod wieder zur Geburt reicht? Das Universum funktioniert auf genau dieselbe Weise, wenn Planeten geboren werden und am Ende eines riesigen Zyklus verbrennen und „sterben". Diese großen Schöpfungskreisläufe entwickeln sich immer vorwärts und aufwärts, und mit dieser physischen Existenzebene erfüllen wir bisher nur ein kleines Stück des göttlichen Plans für den Menschen und die Erde.

Der Wandteppich des Lebens

Falls Sie die vorangegangenen Meditationen durchgeführt haben, wird Ihnen vielleicht aufgefallen sein, dass sie in Ihrem Herzzentrum stattfanden und nicht in Ihrem irdischen Geist. Deshalb möchte ich Sie auch bei dieser Reise bitten, noch einmal die Höhle zu betreten, die Sie in Ihrer ersten Meditation am Ende des Eröffnungskapitels besucht haben. Es ist die Höhle in Ihrem Herzen, in der sich der Altar der Weisheit und die Kerze der Liebe befinden. Gehen Sie zum Eingang, und blicken Sie von dort hinaus. Sie sehen drei Pfade, die sich den Hügel hinunterwinden und dann in der Ferne verschwinden. Die heutige Reise wird Sie einen dieser Pfade entlangführen. Der rechte steht für die Freuden und Kümmernisse, die Sie bisher in Ihren Leben erfahren haben. Der linke weist darauf hin, wie Sie von anderen Menschen behandelt wurden, sei es zum Guten oder zum Schlechten. Der mittlere Pfad aber zeigt Ihnen den positiven oder negativen Einfluss, den Sie selbst auf Ihre Mitmenschen ausgeübt haben. Wählen Sie einen dieser drei Wege und nehmen Sie sich viel Zeit, um Ihr Ziel an seinem anderen Ende zu erreichen. Denken Sie zunächst eine Weile über die Bedeutung dieses besonderen Weges nach. Kritisieren oder verurteilen Sie weder sich selbst noch jemand anderen. Das ist nur eine Übung zu den hellen und dunklen Seiten des Daseins. Bei den meisten Menschen gibt es mehr helle Momente als dunkle. Sie gehen den von Ihnen gewählten Pfad in der Begleitung eines Führers, der seit vielen Inkarnationen schon Ihr Freund ist. Er wird Ihnen behilflich sein, wenn Sie Erfolge wie Fehlschläge gleichermaßen liebend und verstehend betrachten.

Wenn Sie bereit sind, werden Sie das Ende des Wegs erreichen und auf einer mit Blumen übersäten Wiese ankommen. Direkt vor Ihnen befindet sich ein kleines Gebäude, das wie eine japanische Pagode aussieht. Es ist in einem zarten Rosa gehalten und scheint in der Sonne zu leuchten. Sein warmer Anblick heißt Sie willkommen und lädt Sie ein, über die Wiese zu gehen und einzutreten. Drinnen sehen Sie, dass Glasfenster von allen Seiten den über der Wiese liegenden Sonnenschein einlassen. Der Ihnen vertraute Raum ist hell und freundlich. In seiner Mitte steht ein großer, holzgerahmter Wandteppich, vor dem sich ein Stuhl befindet. Ihr Führer bittet Sie, sich zu setzen und die Stiche und Wollfarben zu betrachten, die bei der Anfertigung des Teppichs verwendet wurden. Auf das Bild schauend erkennen Sie, dass es sich um eine Wiedergabe Ihres eigenen Lebens bis zum heutigen Tag handelt. Teile des Wandteppichs sind bereits fertiggestellt, andere sind noch leer. Sie sehnen sich danach, die farblosen Flecken mit Leben erleuchten zu lassen und fragen sich, wie Sie das wohl erreichen könnten.

Ihr Führer nimmt Ihre Hand und leitet Sie durch den Raum zu einem der auf die Wiese hinausführenden Fenster, durch welches Sie den Pfad sehen können, auf dem Sie hierher gelangt sind. Sie denken einen Augenblick über diesen Anblick nach und erinnern sich an Menschen, die durch Ihre Handlungen verletzt worden sind. Aus der Tiefe Ihres Herzzentrums bitten Sie diese Personen um Vergebung, während Sie zugleich mit großem Mitgefühl Ihre Liebe und Vergebung zu all jenen senden, die Ihnen Leid und Schmerz zugefügt haben. Wenn Sie diese Aufgabe vollendet haben, gehen Sie zum Wandteppich zurück und entdecken voller Freude, dass einige der vormals trüben Bereiche nun viel heller sind.

Ihr Führer berührt Sie sanft am Arm, um Sie darauf hinzuweisen, dass es Zeit ist, zu gehen. Sie verlassen den Raum durch die weit geöffnete Tür und wandern eine Weile zwischen den Blumen umher, um die Ruhe und den Frieden dieses Ortes zu genießen. Setzen Sie sich auf den Boden und spüren Sie die Wärme der Sonne auf Ihrem Körper. Das Sonnenlicht erfrischt Sie und erfüllt Sie mit Kraft und Energie. Sie haben das Gefühl, etwas erreicht zu haben – als hätte jemand ein großes Gewicht von Ihren Schultern genommen. Ungeliebten Menschen zu vergeben und um Erlösung von Ihren eigenen Fehlern zu bitten, hat es Ihnen möglich gemacht, auch sich selbst zu vergeben. Wenn wir Liebe in die Welt hinaussenden wollen, müssen wir zunächst einmal uns selbst lieben.

Sie bemerken, dass die Szene vor Ihnen verblasst ist und Sie wieder zurück im Hier und Jetzt sind. Öffnen Sie langsam die Augen. Diese Meditation war eine Lektion in Demut und Annahme. Auch wenn Sie gerade über Ihr Leben zurückgeschaut haben, ist es jetzt wieder an der Zeit, vertrauensvoll weiter in die Zukunft zu gehen. Vertrauen Sie auf das Licht in Ihrem Herzzentrum, denn Sie wissen, dass es durch nichts ausgelöscht werden kann – und dass die Liebe alle Dunkelheit überwindet.

Die Evolution des Planeten Erde
und des Menschen

Vor etwa 25 Jahren erlebte ich einen „Wandertraum", in dem es um die Möglichkeit ging, dass der größte Teil der Menschheit vom Angesicht unseres Planeten entfernt werden könnte. Auch wenn ich nicht sehr lange an dieser Vision teilnahm, empfand ich sie dennoch als entsetzlich beängstigend und überaus prophetisch. Man brachte mich an den Ort einer Schlacht. Wohin ich auch sah, fand ich Tod und Zerstörung. Nichts schien mehr am Leben zu sein, sogar die Panzer und Werkzeuge der modernen Kriegsführung lagen zerschmettert über das Land verstreut. Mehr als alles andere berührte mich jedoch die vollkommene Stille, in der Spiralen aus Feuer und Rauch wie die Geister eines scheußlichen Friedhofs aus dem Boden stiegen. Dann sah ich Städte und Dörfer, die in derselben unheimlichen Stille in Ruinen lagen. Kein Vogel sang hier und nichts bewegte sich außer dem Staub, der über eine dürre Landschaft geweht wurde. Voller Verzweiflung wandte ich mich an meinen Führer und fragte, warum er mir ein so furchtbares Bild zeige. Er antwortete mir, dass diese Massenvernichtung die Menschheit erwarte, wenn sie ihre materialistischen Gewohnheiten nicht ändere. Die Erde könne unserer vollständigen Gleichgültigkeit gegenüber ihrem Wohlergehen nicht länger standhalten. Er sagte, es sei in den kommenden Jahren notwendig, mit aller Anstrengung an der Öffnung der Herzzentren der Menschen zu arbeiten, um auf diese Weise ihre Einstellungen zu verändern und so die Katastrophe abzuwenden, deren Zeuge ich gerade geworden war.

Während der vergangenen zwei Jahrzehnte ist auf den inneren Ebenen jedoch eine ungeheure Arbeit geleistet worden. Alte Seelen sind erwacht und haben erkannt, dass sie für die besondere Aufgabe, überall auf der Welt Lichtzentren zu erschaffen, zur Erde gekommen sind. Dies wurde erreicht, indem Gebets- und Meditationsgruppen in jedem Land Licht in die dunklen Ecken unseres Globus sandten.

Die Menschheit hat eine kurze Atempause erhalten, in der wir unsere Bemühungen verstärken müssen, Mutter Erde zu hegen und den ihr zugefügten Schaden wiedergutzumachen. Bisher ist eine nukleare Katastrophe abgewendet worden, doch es hängt von unseren Anstrengungen während der nächsten paar Jahre ab, mit wie vielen Naturkatastrophen wir noch fertig werden müssen.

Wenn Sie das nächste Mal unter freiem Himmel sind, legen Sie sich doch ins Gras und drücken Sie Ihr Ohr an den Boden. Lauschen Sie dem Herzschlag der Erde und erspüren Sie die Rhythmen der Natur. Mutter Erde ist eine sehr alte Freundin, die seit Millionen von Jahren mit uns auf dem Weg ist.

Wie wir selbst ist auch die Welt ein lebendes Wesen. Die Erde stellt ein größeres Wesen dar, das unseren Planeten verwendet, um weitere Erfahrungen zu sammeln – genau so, wie wir unseren physischen Körper für denselben Zweck benutzen. Und ebenso wie wir hat auch die Erde Organe und Zellen, die es ihr ermöglichen, zu funktionieren. Die Länder repräsentieren ihre Hauptorgane, die Wasser der Flüsse und Seen sind ihre Venen und Arterien, und die Menschheit steht für die Zellen ihres Körpers. Wenn sich diese Zellen in Harmonie befinden, empfindet die Erde Glück, doch wenn das Gegenteil der Fall ist, sieht sie sich Unheil und Krankheiten ausgesetzt. Die Bäume und Wälder sind ihre Lungen, die Blumen und Hecken ihr Parfüm. Vögel, Tiere und die Gezeiten sind Ausdrucksformen ihres Herzschlags, der sich im Gleichklang mit den natürlichen Funktionen ihres Körpers befindet. Vögel ziehen in den Süden, andere Tiere gehen in den Winterschlaf und vermehren sich gemäß dem Gleichgewicht der Jahreszeiten und Magnetkräfte, die den Planeten in seiner Bahn halten.

Unser Sonnensystem ist ein Teil eines noch riesigeren und erhabeneren Wesens – nämlich des Universums selbst. Alles jenseits dieser Größe kann unser Verstand nicht mehr begreifen, sondern wir können nur annehmen, dass sich die Erfahrungsspirale ohne Anfang oder Ende bis in die Unendlichkeit immer weiter erstreckt. Zudem geht es hier nicht nur um unsere eigene Entwicklung, sondern auch um die zahlloser weiterer Engelsarten, die sich für ihr Fortschreiten unseres Universums bedienen. Da gibt es die Seraphim und Cherubim, die Herren verschiedener Ordnungen, Schutzgeister, planetare Erzengel und weitere, namenlose, die sich weit jenseits unseres eingeschränkten Vorstellungsvermögens befinden. Wenn unser Planet uns erlaubt, sein Gefäß zu zerstören, kommt auch unsere Entwicklung zum Stillstand, und wir behindern die Arbeit unzähliger Schöpfungen weit draußen im Weltraum – weiter noch, als unsere Vorstellungskraft reicht. Wenn wir den Planeten zerstören, wird uns die Erde einfach von ihrer Oberfläche fegen. Augenblicklich verursacht unsere Verantwortungslosigkeit bereits ein im ganzen Universum spürbares Ungleichgewicht, das in sehr naher Zukunft behoben werden muss.

Sehen Sie nun, welch große Verpflichtung der Mensch gegenüber der Welt und dem Rest des Weltraums hat? Wenn wir andere Länder mit Krieg überziehen und einander bekämpfen, behindern wir mehr als nur unseren eigenen Fortschritt. Unsere dunklen und negativen Handlungen umgeben die Erde mit gewaltigen Gedankenformen, die sehr bald entfernt werden müssen. Wir würden uns und unseren Mitreisenden im ganzen Universum einen großen Dienst erweisen, wenn wir uns Gottes Schöpfung gegenüber immer freundlich und positiv verhalten würden. Vergessen Sie niemals, dass das Licht immer über die Dunkelheit siegen wird und dass ein einziger liebevoller Gedanke Hunderte hasserfüllter Überlegungen überwindet. Wie ich bereits geschrieben habe, wird Armageddon dann stattfinden, wenn wir uns umwenden, um uns diesen Gedankenformen von Angesicht zu Angesicht zu stellen und sie mit Hilfe der Liebe aus der Umgebung der Erde zu entfernen.

Unser Planet liebt uns, wie dies nur eine Mutter tun kann, und sie will das Beste für ihre Kinder. Doch wie vergelten wir es ihr? Wir verschmutzen ihre Atmosphäre, die ihr Atemraum ist, wir verseuchen chemisch ihre Flüsse, die ihre Arterien sind, und wir hacken ihre Regenwälder nieder, die ihre Lungen sind. Nun hat sie keine andere Wahl mehr und muss sich umwandeln, indem sie ihre Klimabedingungen und die natürliche Struktur der Felsformationen verändert, was Erdrutsche und Erdbeben verursacht. Als Opfer für das Überleben der Menschheit beginnt sie diese Veränderungen sehr langsam, damit wir die Auswirkungen unserer Dummheit erkennen können, ehe es zu spät ist. Wenn wir diese Zeichen jedoch nicht beachten, wird das Ergebnis in einer katastrophalen, weltweiten Verwüstung bestehen.

Da ich jedoch sowohl die Menschheit als auch unsere Welt achte, bin ich überzeugt, dass wir beide noch eine wunderbare gemeinsame Zukunft vor uns haben. Wenn unsere Erde einst zum geheiligten Lichtplaneten aufsteigt, werden auch ihre Kinder Wesen des Lichts werden.

Eine meiner Verwandten war sehr besorgt wegen der Auswirkungen des Atommülls, den wir in unseren Meeren deponieren und im Boden vergraben. Sie fragte mich, ob ich auf dieses Problem meditieren und erfragen könne, welche endgültige Lösung es für diese missliche Lage gebe. Ich tat, worum sie mich bat, und möchte Ihnen die Antworten mitteilen, die ich erhielt:

Atomkraft ist eine Energie, die dem Menschen gegeben wurde. Die Menschheit erwarb dieses Wissen ein wenig vorzeitig, erhielt jedoch die Erlaubnis, diese Kraft zu entwickeln, denn wir lernen alle nur aus unseren Fehlern. Allerdings wird jeder Schritt, den wir auf diesem Weg tun, aufmerksam beobachtet. Zum gegenwärtigen Zeitpunkt verwenden wir diese Kenntnisse in Kraftproben gegeneinander, ohne viel über das wahre Potenzial der Atomenergie zu wissen. Am Ende des Wassermann-Zeitalters wird man sie als spirituelles Werkzeug für die Entwicklung und Erleuchtung nicht nur der Erde, sondern des gesamten Universums einsetzen. Dann wird der menschliche Verstand in einem solchen Maß gereift sein, dass einige wenige Menschen geboren werden, die ein Atom alleine mit der Macht ihrer Gedanken spalten können. Dann wird man diese Kraft verwenden, um zu heilen und unser Leben zu verbessern. Es wird Anwendungsformen von Atomenergie geben, von denen wir heute noch nicht einmal träumen. Mit ihrer Hilfe wird man die Schwingungen unserer Körper erhöhen, so dass wir ohne die Unterstützung von Maschinen durch den Weltraum reisen können. Man sagte mir, ich solle mich wegen des Atommülls nicht sorgen oder grämen. In Zukunft werden Menschen inkarnieren, deren Verstand machtvoll genug ist, um diese Radioaktivität zu zerstören oder sie für ehrenhafte und moralisch wertvolle Unternehmungen umzuformen. Das wird jedoch nur dann geschehen, wenn sich der Mensch zum gegenwärtigen Zeitpunkt bemüht, für zukünftige Jahrhunderte einen Weg des Lichts zu bahnen.

Man gab mir auch die Information, dass Atomenergie mit dem Feuer der Kundalini vergleichbar sei. Diese Energie befindet sich in einer Linie mit den heiligen Zentren der Erde und wartet auf den vorgeschriebenen Tag, an dem sie triumphal erhöht werden kann, um auf diese Weise den Sieg unserer Erde über die Mächte der Dunkelheit zu verkünden. Unsere Welt wird dies jedoch nur mit der Unterstützung ihrer menschlichen Bewohner erreichen. Das uralte Gesetz „wie oben, so unten" ist auch in diesem Fall sehr wahr. Erst, wenn die Menschheit vom Christuslicht erfüllt wird, kann unsere Erde ihre verdiente Auszeichnung erhalten und Erleuchtung erlangen.

Ich werde oft gefragt, ob unser Planet auch negatives Karma habe. Ich fürchte, die Antwort lautet „ja", und dieses Karma muss ebenso wie das der Menschheit bearbeitet und gereinigt werden. Viele tapfere und alte Seelen inkarnieren nur, um bei dieser Aufgabe zu helfen. Ich habe mit einigen Patienten gearbeitet, die an Arthritis oder Krebs litten, und bei denen mir meine innere Sicht klar gezeigt hat, dass diese Theorie zutrifft. Meist ist es für diese Menschen jedoch sehr schwierig, sich damit abzufinden, dass ihr Schmerz und ihre Leiden zur Befreiung der Erde von negativem Karma beitragen.

Deshalb mache ich in einem solchen Fall nur einige sanfte Bemerkungen und überlasse meine Patienten dann der Erkenntnis der Bedeutung dieser Enthüllung. Normalerweise befindet sich das Wissen um diese Zusammenhänge tief im Unbewussten des Patienten und muss nur an die Oberfläche gebracht werden, um ihm zur Verfügung zu stehen.

Bevor ich dieses Kapitel abschließe, möchte ich ein hoch entwickeltes Wesen ansprechen, das die Menschheit wie noch nie zuvor behütet und unterstützt. Sein Name ist Sanat Kumara – das letzte Wort bedeutet „Prinz" oder „Herrscher" – und er ist einer der Herren der Flamme, jener Wesen, die ursprünglich von der Venus kamen, um uns dabei zu helfen, ein Gehirn zu entwickeln und auf diese Weise zu Einzelwesen zu werden. Aufgrund seiner großen Liebe zu allen lebenden Geschöpfen dieser Erde brachte er das höchste Opfer und beschloss, innerhalb des Einflussbereichs des Planeten zu verbleiben, bis die Menschheit die Erleuchtung erreicht hat und auf ihren eigenen Füßen stehen kann. Man sagt, er könne mit einem Blick das gesamte Bewusstsein der Menschheit wahrnehmen. Er ergießt Liebe, Stärke und Mut über alle vier Reiche der Schöpfung. Die Reiche der Engel und der Natur unterstehen seinem Befehl ebenso wie alle Meister und auch die fortgeschrittenen Eingeweihten aller vier Lebensströme. Durch seine Führung können uns die großen Lehrer Anweisungen bringen. Von Zeit zu Zeit vereinigen sich Beobachter aus anderen Sonnensystemen mit Sanat Kumara, um aus weit entfernten Galaxien das universelle Licht zu bringen.

Wenn er eine physische Gestalt annimmt, erscheint er als Jugendlicher mit herabfließendem goldenem Haar. Sein Licht erstrahlt jedoch so hell, dass niemand in seine Augen sehen kann, ohne vorübergehend geblendet zu werden. War dies vielleicht die Gestalt, die Paulus auf der Straße nach Damaskus sah?

Auch Sanat Kumara bewegt sich auf der Entwicklungsspirale aufwärts. Seine Anteilnahme an unserem Fortschreiten bereitet ihn auf einen großen Schritt vorwärts auf seinem eigenen erwählten Pfad vor. Deshalb sollten wir die Erde und ihn in unseren Meditationen mit der Liebe unseres Herzens umgeben. Wir sollten Sanat Kumara für sein heiliges und göttliches Vorangehen in unserer Sache loben und danken. Ohne seine Hilfe hätten wir noch nicht den Punkt unseres Fortschritts erreicht, an dem wir seine Herrlichkeit wahrzunehmen beginnen. Soll denn wirklich all dieses Einwirken vergeudet sein? Vergelten wir ihm seine Bemühungen etwa, indem wir systematisch den Planeten zerstören? Natürlich nicht. Wenn jede Person, die dieses Buch liest, jeden Tag nur fünf Minuten damit verbringt, Licht und Liebe auszusenden, wird unser Planet die Erlösung erlangen. Eines Tages werden wir alle vor dem Herrn der Welt stehen und wissen, dass wir unsere Rolle in einer enormen Verwandlung gespielt haben, die für das ganze Universum von Bedeutung war.

Ein Ausblick in die Zukunft der Menschheit

Der aufregendste Teil dieses großen Abenteuers, der Reise der Menschheit zurück zu Gott, beginnt gerade. Wir haben die Grundschule hinter uns und treten nun in die höhere Schule unserer Entwicklung ein. Das Fische-Zeitalter hat all unsere Gefühle an die Oberfläche gebracht und uns so viele Lektionen gelehrt. Hoffentlich haben wir es bis zu einem bestimmten Grad geschafft, das Feuer der Leidenschaft zu kontrollieren, das in der Vergangenheit durch unsere physischen sowie spirituellen Körper tobte. Mittlerweile sollten unsere astralen Gefäße gut entwickelt und auch gemäßigter sein. Im Wassermann-Zeitalter werden sich neue Energien auf uns konzentrieren und uns so ermöglichen, mit dem Aufbau starker mentaler Körper zu beginnen. In dieser Ära können wir einen riesigen Schritt vorwärts machen, und unser Potenzial als „werdende Götter" wird in das nächste Stadium übergehen.

Die Erde wird jedoch nicht mehr so dicht bevölkert sein, wie dies heute der Fall ist, denn wir werden nicht länger das Bedürfnis haben, in so großer Zahl Nachwuchs zu zeugen. Unser sexueller Appetit wird sich verringern, und auch unsere Sehnsucht nach fleischlichen Genüssen wird verblassen. Wir werden zwischenmenschliche Verbindungen noch immer genießen, aber auf eine sanftere und zärtlichere Weise. Dann lernen wir, ebenso zu geben, wie wir empfangen. Die wahre Beziehung zwischen Mann und Frau – oder sogar zwischen Personen desselben Geschlechts – wird verstanden werden. Unsere Schöpfungen werden auf der mentalen Ebene entstehen und nicht mehr im leidenschaftlichen astralen Reich. Unsere Liebe wird von großer Intensität und gleichzeitig äußerst gelassen sein. Diese Liebe ist bedingungslos und universell und nicht etwa für die Familie und ein paar enge Freunde reserviert. Unsere Körper werden reine Tempel für unsere Seelen sein, und unsere Fortpflanzungsorgane werden nur noch dafür benutzt werden, jene Mitglieder der Menschheit in die Inkarnation zu bringen, die aus dem Wassermann-Zeitalter auch einen Nutzen ziehen können. Ein großer Teil der Menschheit wird zurückgelassen werden, weil er nicht in der Lage ist, sich an die höheren Schwingungen anzupassen, die sich nun über Mutter Erde ergießen. Das lässt Sie sicher verstehen, wie überaus wichtig es ist, dass wir unseren Geist JETZT mit unseren Herzen in Übereinstimmung bringen und nicht erst irgendwann in der Zukunft. Die Nachzügler unserer Rasse werden natürlich ebenfalls mit der aufwärts weisenden Spirale fortschreiten, aber unter Umständen auf einem anderen Planeten des Weltraums. Ich möchte hier niemandem Angst machen, sondern nur leise warnen. Es braucht nicht mehr als ein warmes und mitfühlendes Herz, um die Prüfung zu bestehen und ins neue Zeitalter eintreten zu können.

Im Augenblick nutzen wir nur einen sehr kleinen Teil unseres Gehirns. Dieser wunderbare Computer besteht aus unzähligen Zellen, die nur darauf warten, uns zu Diensten zu sein. Alles, was wir jemals erlebt haben, ist in diesem wundervollen Werkzeug gelagert. Nichts davon ist verloren gegangen, aber wir müssen genügend reifen, um die Bilder, die man uns zeigen wird, gänzlich würdigen zu können. Unglücklicherweise bringen geistige Anregung und mentales Wachstum wiederum ganz eigene Probleme mit sich. Jene Depressionen und geistigen Instabilitäten, die uns heute begleiten, werden bis weit in das neue Zeitalter hinein anhalten. Allerdings sollten sich unsere Behandlungsmethoden dann wesentlich weiterentwickelt haben. Ein Mensch des Wassermann-Zeitalters wird intuitiv eine größere Einsicht in die Ursachen seiner Schwierigkeiten haben, und wenn er nicht in der Lage ist, diese selbst zu regeln, wird ihm eine große Anzahl von Therapien zur Verfügung stehen. Jene Berater, die mit geistigen Problemen umgehen, werden von einer hohen mentalen Ebene aus arbeiten. Sie werden über Zugang zu den Akasha-Chroniken verfügen und die Auswirkungen vergangenen Karmas auf ihre Patienten ganz klar erkennen können. Man wird immer noch ausgebildete chirurgische Spezialisten benötigen, aber die ergänzend arbeitenden Therapeuten werden ihren rechtmäßigen Platz an der Seite der Ärzte einnehmen.

Natürliche Kuren und Heilmittel werden im Gegensatz zu den schulmedizinischen Methoden das Normale werden. Es wird uns möglich sein, beträchtlich mehr Wissen über den Gebrauch von Pflanzen und Kräutern zu erwerben, und ganze Felder und Wiesen werden allein für ihr Wachstum bestimmt sein. Man wird als vorbeugendes und diagnostisches Werkzeug eine ätherische Heilungsmethode anwenden. Farbheilung als eine Form der Strahlenbehandlung wird weit verbreitet sein; man wird die in den Strahlen enthaltenen Eigenschaften psychologisch analysieren und auf den jeweiligen Patienten abstimmen. Große, sonnige Behandlungszentren mit Sauna und allen bekannten Heil- und Stärkungsmitteln werden der gesamten Menschheit zugänglich sein.

Über die Jahre hinweg wird der Mensch langsam seine Furcht vor dem Tod verlieren. Sein Verständnis für andere Existenzebenen wird zunehmen, und die Erkenntnis seiner eigenen Unsterblichkeit wird dem Menschen Weisheit bringen. Beerdigungen werden nicht mehr von Trübsinn und Untergangsstimmung geprägt sein, sondern in Freude und Glück gefeiert werden. Dann haben wir die Fähigkeit erlangt, sanft aus unserem physischen Körper zu gleiten, wenn unsere Zeit im „Klassenzimmer" Erde beendet ist. Und wenn wir erst einmal die Angst vor dem Tod verloren haben, wird es keine Notwendigkeit mehr dafür geben, uns mittels Transplantationschirurgie am Leben zu erhalten. Organtransplantate werden uralte Geschichte sein, und es wird keine entsprechenden Tierversuche mehr geben. So wird das Reich der Tiere seine Würde zurückerhalten, und auch jede Form der Zurschaustellung von Tieren in Zoos und im Zirkus wird ein Ende haben. Dann werden die Tiere ihre Angst vor der Menschheit vergessen und uns erlauben, mitten unter ihnen zu wandeln, damit wir lernen können, mit diesem Reich zu kommunizieren. Und mit der Freiheit der Tiere wird die Erlösung für den Menschen kommen.

Unsere Ernährungsweise wird sich in unserer Gesundheit widerspiegeln. Während wir uns weiter ins Wassermann-Zeitalter hineinbewegen, werden wir damit aufhören, unsere Tiere um der Nahrung willen zu töten. Dann werden alle Menschen Vegetarier sein. Die Schlachthäuser weichen großen organischen Farmanlagen, und da die Bevölkerungszahl viel geringer ist, muss niemand auf diesem Planeten mehr hungern. Da uns mehr Platz zur Verfügung steht, auf dem wir uns ausbreiten können, wird jedes Haus einen Garten haben, der auf Wunsch groß genug zur Selbstversorgung ist. Ich nehme jedoch an, dass die meisten von uns in Gruppen miteinander leben und in globaler Größenordnung gegenseitig für ihre Bedürfnisse sorgen und das Vorhandene miteinander teilen werden. Das Geld wird gleich verteilt werden und deshalb langsam seine Bedeutung und seine Macht über unser Denken verlieren. Chemische Dünge- und Insektenbekämpfungsmittel sind dann verboten, was es Insekten und Würmern ermöglicht, die Bodenkrume wieder zu heilen und ins Gleichgewicht zu bringen. Dann ist das Zeitalter der Chemikalien und Wegwerfwaren vorbei, weil Recycling ein grundlegendes Gesetz geworden ist.

Meditation und Entspannung wird man an allen Schulen lehren, was Körper, Geist und Seele auf gesunde Weise fördert. Diese Dinge werden ein ganz normaler Teil des Lebens sein und uns so ermöglichen, nicht nur andere Bewusstseinsebenen, sondern auch andere Planeten und vergangene Zivilisationen zu erforschen. Bald schon werden wir beginnen, die enorme Macht zu erkennen, die sich in unserem höheren Geist verbirgt. Menschen werden nicht länger Drogen nehmen wollen, weil sie dieselbe Euphorie auf dem Weg der Kontemplation erreichen. Langsam werden die Atome unseres Körpers heller und ätherischer. Auch die Erdatmosphäre wird sich erhellen, da Erde und Menschheit auf demselben Pfad zur Erleuchtung reisen. Das hat bereits begonnen; viele Menschen kommunizieren jetzt schon mit den Aufgestiegenen Meistern und dem Reich der Engel. Es wird nur eine Regierung für den gesamten Planeten geben. Kriege werden aufhören, denn wir werden die Erfüllung der Prophezeiung sehen, die uns zweitausend Jahre Frieden verspricht. Dann werden Besucher aus dem All kommen, um mit uns Informationen und Ideen auszutauschen. Wir werden nicht nur die Vereinigung der Erde, sondern auch die des Universums erreichen. Unser spirituelles Wachstum wird persönlichen Wünschen und personenbezogenem Ehrgeiz ein Ende bereiten, damit wir Liebe und Mitgefühl verbreiten können.

Doch selbst in Utopia besteht eine Gefahr – wie ich eines Nachts während einer meiner Klarträume entdeckte. Wie üblich traf mich einer meiner Führer, und wir reisten zu einem fernen Planeten jenseits unseres Sonnensystems. Zuerst erinnere ich mich daran, wie ich durch einen Torbogen ging, der mit seltsam schönen, geschnitzten und gemalten Hieroglyphen besetzt war. Nachdem wir unter diesen Schriftzügen hindurchgeschritten waren, fand ich mich in einem Land des Lichts und des Wunders wieder, dessen Bevölkerung ruhig und gelassen war. Jedermann schien glücklich und zufrieden zu sein, und niemals kräuselten Stress oder Angst das glatte Wasser ihres Lebens. Ihre Gesichter waren ruhig und gefasst, ließen es jedoch auf seltsame Weise an Charakter fehlen und zeigten einen eher hölzernen Ausdruck. Es waren sehr höfliche Menschen, die einander jedoch nie zu berühren oder sich in Liebe oder Zuneigung zu begegnen schienen. Eine Zeit lang glaubte ich, das Paradies betreten zu haben, doch dann erkannte ich, dass hier etwas falsch lief. Niemand war aktiv. Das Leben dieser Menschen war unbewegt und fürchterlich abgestumpft, als ob sie sich seit Äonen schon im Stillstand befinden würden. Mittlerweile hatte sich ein attraktives dunkelhaariges Mädchen zu uns gesellt, das diesen Planeten ebenfalls von einem anderen Teil der Galaxis aus besuchte. Nach kurzer Zeit drehte sie sich zu uns um und sagte: „Ich kann hier nicht bleiben, ich gehe wieder nach Hause. Diese Zivilisation stirbt vor Langeweile, ihr Planet hat aufgehört, sich weiterzuentwickeln und wird bald vergehen." Dann fügte sie hinzu: „Sie haben die Worte vergessen, die in den Torbogen eingeritzt sind." Als ich sie bat, diese für mich zu übersetzen, lautete die dort aufgezeichnete Botschaft wie folgt:

„Neugier ist der Retter der Weisheit,
Selbstzufriedenheit aber ihr Mörder."

Man hatte mir das Bild einer Welt gezeigt, deren Bewohner ihre Fähigkeit verloren hatten, auf der sich stetig erweiternden Spirale des Fortschritts weiter aufzusteigen.

Der Mensch darf diese Lektion niemals vergessen. Es ist unser Erbe, vorwärts und aufwärts zu drängen, dem nächsten Ziel entgegen, wobei wir immer danach streben, die Hindernisse zu überwinden, die unseren Weg blockieren. Die uralte Weisheit sagt, dass wir in Millionen und Billiarden von Jahren ein Stadium erreichen, in dem wir selbst zu Göttern werden. Dann haben wir selbst die Fähigkeit, mit unserem Herzen und unserem Verstand ganze Universen zu erschaffen. Ich bin sicher, dass wir auch von dieser geheiligten und himmlischen Ebene aus noch zu weiteren, unbekannten und unvorstellbaren Herrlichkeiten aufsteigen werden. Unser kindlicher Verstand ist nicht in der Lage, irgendetwas jenseits dieses Punkts zu begreifen oder sich vorzustellen, doch wie es über dem Torbogen steht, wird uns unsere Neugier immer zu noch größeren und herrlicheren Taten drängen.

Wie kann sich der Mensch auch ohne die Industrie weiterentwickeln? Die Nachfrage nach diesen Produktionsstätten wird schwinden, weil die Bevölkerungszahl geringer sein wird und auch das Bedürfnis nach Gebrauchsgütern gesunken sein wird. Wir werden handgemachte Gegenstände wiederentdecken. Das System des Tauschhandels wird wiederkehren, so dass wir unsere einfachen Bedürfnisse mit den Produkten unterschiedlichster Künstler befriedigen können, die wieder mit den natürlichen Materialien der Erde arbeiten. Wir wissen bereits jetzt, dass es möglich ist, bestimmte Pflanzen in Feldern anzubauen und zu ernten, deren Fasern zu Papier verarbeitet werden können, und so die Notwendigkeit, unsere Bäume zu fällen, nichtig wird. Alles, was wir für den täglichen Gebrauch benötigen, wird auf einer unverseuchten Erde wachsen und gedeihen. Man wird die einfachen Lebensverhältnisse wiederentdecken.

Auch alte Mysterien längst vergangener Kulturen werden wieder erhellt werden. An bestimmten Punkten rund um unseren Planeten wurden große und bemerkenswerte Anweisungen zur Unterstützung des zukünftigen Wachstums der Menschheit vergraben. Einige wurden bereits in der Morgendämmerung der Geschichte von Engeln und Helfern aus anderen Galaxien verborgen. Im Jahre 1947 beschlossen die Meister, dass es an der Zeit war, einen dieser verborgenen „Schätze" ans Tageslicht zu bringen. Ein Beduinenjunge, der Vieh hütete, suchte in Israel an der Westküste des Toten Meeres nach einer seiner Ziegen. Als er über einige Felsen kletterte, entdeckte er eine Höhlenöffnung und warf neugierig einen Stein in ihre Tiefen. Sein Geschoss zerschmetterte einen auf dem Höhlenboden befindlichen Krug, der Schriftrollen aus Pergament enthielt. Und so kam die verlorene Bibliothek der Essener nach zweitausend Jahren wieder ans Tageslicht. Nach der ersten Aufregung und Begeisterung der Presse überall auf der Welt verschwand der größte Teil dieser Manuskripte jedoch aus dem Gesichtsfeld der Öffentlichkeit. Was eine gefeierte Enthüllung hätte werden sollen, wurde als zu umstritten für die allgemeine Veröffentlichung betrachtet. Man entschied, dass diese Heiligen Schriften die theologischen Ansichten und Dogmen unserer Kirchen zu sehr erschüttern würden. Und wieder einmal wurden wichtige Informationen in der irrtümlichen Annahme, sie bedrohe die Ursprünge des Christentums, beiseite gefegt. Wieder erwiesen wir uns als nicht bereit für die Enthüllung fortschrittlicheren Wissens.

Diese Situation wird sich jedoch ändern, sobald unser wahres Potenzial als spirituelle Wesen in uns aufsteigt. Eine unterseeische vulkanische Explosion wird einige der Geheimnisse von Atlantis aufdecken. Tief im Innern der Erde ist ein riesiger Kristall begraben, der einst von den Atlantern als Energiequelle genutzt wurde. Er gab ihren Häusern Licht und trieb die Maschinen an, die sie zum Mahlen des Korns und zum Weben der Stoffe benötigten. Es gibt Hinweise darauf, dass er sogar die Energie für den Betrieb von Maschinen lieferte, die durch die Luft flogen. Wenn wir weit genug fortgeschritten sind, wird dieses Geschenk unserer Vorfahren gefunden werden, damit wir über sichere und saubere Energie als Brennstoff und für den Transport verfügen. Der Kristall wird seine Kraft mit den Sonnenstrahlen verbinden und auf diese Weise die alten Ley-Linien und Steinkreise wieder aktivieren. Auch die Pyramiden in Ägypten und Mexiko werden wieder leuchten und strahlen, wenn Mutter Erde ihre Geheimnisse freigibt. Man hat ja bereits begonnen, die esoterische Bedeutung dieser Konstruktionen zu untersuchen, und die mathematische Genialität ihrer genauen Abmessungen erkannt, welche die Verhältnisse zur Sonne und zu anderen Konstellationen wiedergeben. Auf ähnliche Weise wird man die Chakren von Mutter Erde erforschen und Zugang zur Bedeutung erhalten, die diesen Kraftzentren innewohnt. Da, wie man sagt, Großbritannien das Herzzentrum der Erde ist, wird sich die Liebe von dort aus über den gesamten Globus ausbreiten. Amerika wird sich als Kehlkopf-Zentrum entwickeln, denn der nächste große spirituelle Vorstoß wird von seinen Küsten kommen. In sehr ferner Zukunft wird sich dann Russland als Kronenzentrum öffnen und auf diese Weise als Teil eines prachtvollen Dreiecks zwischen diesen drei Ländern offenbaren.

Die Erziehung unserer Kinder wird alle mystischen Philosophien der Welt sowie die Geschichte und Geographie unserer Länder umfassen. Man wird Mathematik und andere Wissenschaften dazu verwenden, die Existenz anderer Bewusstseinsebenen zu beweisen. Gedankenübertragung, Heilkünste, Astrologie und andere okkulte Wissenschaften werden ebenfalls Teil dieses Lehrplans sein. Da man die Bedeutung des Lachens und des Wohlfühlens erkannt hat, sind die Klassenzimmer vom Klang fröhlicher und glücklicher Kinder erfüllt. In der Entwicklung zukünftiger Generationen werden Farben, Worte und Klänge eine große Rolle spielen. Man wird Bilder und Kompositionen aus den spirituellen Ebenen empfangen, auf deren Brillanz wir heute nur in unseren Träumen manchmal einen kurzen Blick werfen können.

Laut der Prophezeiung wird die Wiederkunft Christi irgendwann während des Wassermann-Zeitalters stattfinden. Ich habe lange und gründlich darüber nachgedacht, in welcher Form dies wohl geschehen mag, und bin zu dem Schluss gekommen, dass es sich sowohl physisch als auch in den Herzen der Menschen vollziehen wird. Christus ist ein Vertreter des reinen göttlichen Lichts der Liebe, des Mitgefühls und der Hingabe. Wenn dieses Licht seinen Weg in die Herzen der Menschheit gefunden hat, ist der Weg zur Erweckung unseres Dritten Auges und des Kronenchakras offen. Ich glaube, dass wir Christus auf allen Bewusstseinsebenen begegnen werden. Er wird aus dem Reich der Menschen, der Engel und von anderen Orten in der Galaxis eine große Armee von Helfern mitbringen. Man wird uns die Schlüssel zum Eintritt in jene mentalen und spirituellen Reiche geben, die Wissen und Erleuchtung für uns bereithalten.

Christus bedeutet nicht nur für die Christen die Erleuchtung; Er ist das Licht jeder Religion und jeder spirituellen Organisation auf der ganzen Welt. Seine Wiederkehr wird alle Glaubensformen und Glaubensbekenntnisse unter einer Fahne vereinen. Osten und Westen werden sich im Verständnis begegnen, dass schließlich alle Wege zurück zu Gott führen. Das wiederum wird Länder, Rassen und Kulturen zusammenbringen. Die Diskriminierung von Nationen, Hautfarben oder Geschlechtern wird unbekannt sein. Anstatt Trennung werden wir EINIGKEIT haben, wenn die Menschheit Hand in Hand in eine herrliche Zukunft geht.

Wie ich bereits in einem vorangegangenen Kapitel erwähnt habe, wird der Meister Kuthumi während des kommenden goldenen Zeitalters als physischer Kanal für das Christuslicht dienen. Er wird jedoch nicht erscheinen, ehe wir die Erde wieder bis zu einem gewissen Maß ins Gleichgewicht gebracht haben, denn es wäre sinnlos für ihn, sich zu manifestieren, solange wir die drei anderen Naturreiche noch immer quälen und missbrauchen. Erst, wenn der Mensch damit aufhört, andere zu bekämpfen und hasserfüllte sowie intolerante Gedanken zu erschaffen, wird er die Lehren dieses Aufgestiegenen Meisters würdigen können, dessen Aufgabe darin bestehen wird, uns durch einige große Initiationen zu führen. Dies wird nicht nur einigen Auserwählten widerfahren; während der nächsten zweitausend Jahre werden sich Massen-Einweihungen ereignen, die es der Menschheit ermöglichen, vertrauensvoll ins nächste große Zeitalter des Steinbocks voranzugehen.

Ich hoffe, dass die Botschaft, die ich hier niedergeschrieben habe, Sie mit Liebe und Hoffnung für die Zukunft erfüllt. Ich lade Sie ein, Teil der stetig wachsenden Gruppe von Pionieren zu werden, die danach streben, die vorhergesagten großen Katastrophen abzuwenden. Öffnen Sie Ihr Herz und handeln Sie als Kanal für den Frieden. So werden wir uns mit dem Herrn unseres Universums vereinen und eine Zukunft voller Glück und Freude erschaffen. Das Lied der Erde soll im Himmel und in der gesamten Galaxis ertönen, und die Liebe soll aus unseren Herzen leuchten als Inspiration für alle Reisenden im ganzen Universum.

GOTT MÖGE SIE ALLE SEGNEN

Die Engel von Erde, Luft, Wasser und Feuer

In dieser letzten Meditation möchte ich Sie darum bitten, Ihr Bewusstsein anzuheben und zu der Höhle in Ihrem Herzzentrum zurückzukehren. Knien Sie vor dem Altar nieder und lassen Sie sich vom Licht der Kerzenflamme erfüllen. Der Glanz dieses Strahlens hat sich mittlerweile bis jenseits der Höhlenwände ausgeweitet, so dass Ihr ganzer Körper von der Schwingung der Liebe erfüllt ist. Ruhen Sie sich für einen kurzen Augenblick in der Herrlichkeit Ihres eigenen Herzens aus. Lassen Sie Ruhe und Frieden in jedes Atom Ihres Körpers einkehren.

Wenn Sie bereit sind, treten Sie aus dem Eingang der Höhle hinaus und betrachten Sie, was vor Ihnen liegt. Wieder ist ein Bild der Erde erschienen, welches deutlich die Umrisse der Länder, Flüsse und Berge zeigt. Ihre Aufmerksamkeit wird jedoch vom darüber liegenden Himmel angezogen, wo viele Engel erscheinen. Während sie deutlicher werden, erkennen Sie, dass die Engel all die leuchtenden Farben des Regenbogens aufweisen. Einige strahlen in den Schattierungen der Natur, andere in den Farben des Friedens oder der Heilung. Alle sind jedoch von der goldenen Aura der Liebe umgeben. Sie stellen fest, dass sich die Engel in Gruppen formen, die sich im Norden, Süden, Osten, Westen und im Zentrum unseres Planeten versammeln.

Man lädt Sie ein, jenen Engeln Gesellschaft
zu leisten, die im Norden der Welt stehen:

Sie sehen die Engel der Sonne und vereinen sich mit ihnen,
Und aus ihren Herzen fließt das Wesen der Liebe.
Während sie ihre Schwingen über die Erde breiten,
Geben sie der Menschheit die Flammen der Macht,
Und die Energie der Sonne kehrt in die Herzen der Menschen ein.

Als Nächstes lädt man Sie ein, zu den Engeln
zu gehen, die im Westen der Welt stehen:

Sie sehen die Engel der Luft und vereinen sich mit ihnen,
Und aus ihren Herzen fließt der Atem des Lebens.
Während sie ihre Schwingen über die Erde breiten,
Geben sie der Menschheit die Winde der Weisheit,
Und Weisheit kehrt in den Geist der Menschen ein.

Dann lädt man Sie ein, zu jenen Engeln
zu kommen, die im Süden der Welt stehen:

Sie sehen die Engel des Wassers und vereinen sich mit ihnen,
Und aus ihren Herzen fließt der Nektar des Lebens.
Während sie ihre Schwingen über die Erde breiten,
Geben sie der Menschheit einen Strom aus Liebe,
Und der Mensch öffnet seine Arme für die glitzernden Wasser.

Nun lädt man Sie ein, sich mit den Engeln
zu verbinden, die im Osten der Welt stehen:

Sie sehen die Engel der Erde und verbinden sich mit ihnen,
Und aus ihren Herzen fließt das Meer des ewigen Lebens.
Während sie ihre Schwingen über die Erde breiten,
Öffnen sie die Augen der Menschheit für die Vision der Ewigkeit,
Und der Mensch kniet nieder vor der Herrlichkeit seines Schöpfers.

Schließlich lädt man Sie ein, zu jenen Engeln
zu gehen, die im Zentrum der Welt stehen:

Sie sehen die Engel der Freude und vereinen sich mit ihnen,
Und aus ihren Herzen fließt die Musik der Harmonie.
Während sie ihre Schwingen über die Erde breiten,
Geben sie der Menschheit die Noten des Friedens,
Und die Melodie der Brüderschaft zieht in die Seele der
Menschen ein.

Nun ist der gesamte Planet von einer unendlichen Zahl himmlischer Engel bedeckt, und da sehen Sie Jesus und Meister Kuthumi im Kreis der göttlichen Boten erscheinen. Der Meister des Fische-Zeitalters vereint sich mit jenem des Wassermann-Zeitalters, um unserem unruhigen Globus die Erlösung zu bringen.

Das zur Erde herabströmende Licht der Liebe leuchtet so stark, dass Sie Ihre Augen von diesem Glanz abwenden müssen. Ihr eigenes Herzzentrum hat sich geöffnet und erweitert, so dass sich das Feuer Ihrer Seele mit dem Strahlen verbindet, welches nun die gesamte Erde umgibt. Die Dunkelheit ist verschwunden, und während Sie vor sich das Wunder der Verwandlung und Erlösung unserer Erde betrachten, bleibt nur die Erhabenheit des göttlichen Segens bestehen. Sie schauen Jesus und Kuthumi an, die ihre Hände gemeinsam in Lob und Dankbarkeit erhoben haben, und werden von göttlicher Gelassenheit und Zufriedenheit erfüllt. Nun erkennen Sie, dass all Ihre irdischen Sorgen und Schwierigkeiten kurz und vorübergehend sind – nichts weiter als Lektionen, die irgendwann enden und dann unbedeutend werden.

Diese Offenbarung schwindet und verblasst nun, so dass Sie sich in der Höhle wiederfinden. Ruhen Sie einen Augenblick aus und denken Sie über das Gesehene nach. Sie können diese Vision viele Male verwenden, um Mutter Erde beizustehen und sie zu unterstützen. Auf diese Weise helfen Sie dabei, die Dunkelheit in Licht zu verwandeln. Kehren Sie sanft und langsam in Ihre normale Umgebung zurück. Da dies eine überaus machtvolle Meditation war, müssen Sie sich nun sehr stark mit dem goldenen Kreuz aus Licht umgeben, das in einem Lichtkreis steht.

Die in der Meditation verwendeten Zitate stammen aus dem Zweiten Buch des Friedensevangeliums der Essener, vorbereitet und übersetzt von Dr. Edmond Bordeaux Szekely. Sie wurden an die Meditation angepasst und unterscheiden sich daher vom Originaltext.

Einige Worte zum Schluss

Ich hoffe, mein Buch hat es Ihnen ermöglicht, zu erkennen, dass unser physisches Leben nur ein kleiner Teil einer viel größeren Wahrheit ist.

Ich kann in Worten kaum auf angemessene Weise jene Liebe und Freude zum Ausdruck bringen, die mein Herz erfüllt und zu Ihnen allen fließt.

Wenn ich Ihnen helfen oder auf andere Weise zu Diensten sein kann, zögern Sie bitte nicht, sich mit mir in Verbindung zu setzen. Ich werde mein Bestes tun, um alle Fragen zu beantworten, die Sie haben mögen.

Ich bin gerne bereit, Sie in meine Fernheilungsliste aufzunehmen. Ich bitte Sie nur darum, mir von Zeit zu Zeit zu schreiben und mich über Ihre Fortschritte zu unterrichten.

Ich sende Ihnen gerne eine Liste meiner Vorträge und Seminare zu.

Bitte senden Sie Ihren Brief einschließlich eines frankierten und adressierten Rückumschlags an:

P.O. Box No. 1109, Portslade, Brighton, BN42 4PP; Great Britain

Literaturempfehlungen

Lorna Todd, *Im Lichtreich der Engel und Naturgeister. Kontakt und Kommunikation mit unseren unsichtbaren Helfern.* Grasmück, Altenstadt 2000

Simon Peter Fuller, *Der Neue Himmel und die Neue Erde.* Falk, Seeon 2001

White Eagle, Ivan Cooke, *Vom Wirken der weißen Bruderschaft. Die Geschichte der White Eagle Gemeinschaft.* Aquamarin, Grafing 1997

White Eagle, *Die verborgene Weisheit des Johannes-Evangeliums.* Aquamarin, Grafing 1990

White Eagle, *In der Stille liegt die Kraft. Bd. 1 und 2.* Aquamarin, Grafing 1999/2000

White Eagle, Jenny Dent, *Die Meisterseele.* Aquamarin, Grafing 1997

White Eagle, *Naturgeister und Engel.* Aquamarin, Grafing 2000

White Eagle, *Der Weg zum höheren Selbst.* Aquamarin, Grafing 2000

White Eagle, *Lichtwege.* Aquamarin, Grafing 1996

Terry Lynn Taylor, *Warum Engel fliegen können.* Goldmann, München 1991

Terry Lynn Taylor, *Lichtvolle Wege zu deinem Engel.* Goldmann, München 1993

Edmund Harold, *Meistere deine Schwingung.* Ibera, Wien 1996

Charles W. Leadbeater, Jiddu Krishnamurti, *Zu Füßen des Meisters.* Aquamarin, Grafing 2002

The Findhorn Press

Leser, die mehr über die Essener und andere zeitlose Lehren erfahren möchten, können unter der folgenden Adresse einen kostenlosen Katalog erhalten:

International Biogenetic Society
IBS International
Box 205
Matsqui
British Columbia
Canada VOX 1SO

Brenda Johnston, *Eine Heilweise des Neuen Zeitalters. Lehrbuch des esoterischen Heilens.* dbv-Verlag für die Technische Universität Graz, 1983

für das englische Original: 11 Woodbury Avenue, Havant, Hampshire PO19 1RH, England

Alice Bailey, *Esoteric Healing. A Treatise on the Seven Rays. Vol. 4.* Lucis Publishing Company, New York 1999

Joshua David Stone, *Das komplette Aufstiegs-Handbuch. Wie man den Aufstieg in diesem Leben erreicht.* Lippert, Wald 1998

Ursula Lokár

Mehr Lebensfreude durch Licht-Energie

Prana – die universelle Nahrungsergänzung
Wir sind mehr als nur unser physischer Leib, wir verfügen auch über geistige Organe. Mit ihnen aktivieren wir unsere unsichtbaren Körper, können Kontakt aufnehmen mit der Welt des Unsichtbaren und beherrschen die außersinnliche Wahrnehmung.

Die Autorin spricht offen über ihren persönlichen Erfahrungsweg, der ihre geistigen Grenzen erweiterte, der ihre Angst in Liebe verwandelte und ihre Wahrnehmung steigerte. »Lichtnahrung ist etwas ganz Natürliches. Die Entwicklung hin zu dieser Quelle ist für die Menschheit unumgänglich. Dies ist keineswegs das Endresultat, sondern der Beginn und die Voraussetzung in Übereinstimmung mit den universellen Gesetzen, neue, freudvolle Wirklichkeiten zu erschaffen.«

geb., 272 Seiten,
€ (D) 17,90 / SFr 30,50
ISBN 3-931723-16-X

Paul Busson

Der Seelenwanderer

Die Wiedergeburt des Melchior Dronte
Von seltsamen Träumen heimgesucht, begreift er endlich: Ich habe schon mehrere Male gelebt, meine Seele hat viele Jahrhunderte durchwandert.

Warum begegnen wir den Menschen wieder, die schicksalhaft mit uns verbunden sind? Dieses Meisterwerk von Paul Busson vereint groß-artige Dichtung mit mystischem Erleben.

»Ein großer esoterischer Roman. Dieses Buch hat mein Leben verändert«. Penny McLean

geb., 304 Seiten,
7 s/w Illustrationen,
€ (D) 19,90 / SFr 33,60
ISBN 3-931723-00-3

Joachim Gustafsson

Der göttliche Mensch (Bd 1)

Begegnungen mit der geistigen Welt
Im Leben des promovierten Bankers Joachim Gustafsson hat Gott keinen Platz und keinen Stellenwert.
Im Alter von 38 Jahren aber beginnt die Wende. Er
wird konfrontiert mit erfolgreicher Geistchirurgie,
Fernheilung, Astralreisen, Materialisationen und begegnet schließlich Wesen aus der geistigen Welt...

geb., 320 Seiten,
€ (D) 14,90 / SFr 25,80
ISBN 3-931723-13-5

Joachim Gustafsson

Der göttliche Mensch (Bd 2)

Begegnung mit einem Avatar
Die Begegnung mit dem in Südindien lebenden Avatar Sri Sathya Sai Baba versetzt den Autor in die Lage,
plötzlich über Dinge zu schreiben, die er so nicht wissen kann:
* Vom unsichtbaren Reich hoher Dimensionen * Die
Schöpfung der drei Welten * Die Bewusstseinsebenen
und Hierarchien der Engel und Götterwesen * Der Weg
des Einzelnen zu Gott.

geb., 384 Seiten,
€ (D) 16,90 / SFr 29,00
ISBN 3-931723-14-3

Ingrid Malzahn

Pater Pio von Pietrelcina

Wunder, Heilungen und von der Kraft des Gebets
Als Pater Pio am 23. September 1968 starb, hinter-
ließ er das Versprechen, daß er auch aus der jensei-
tigen Welt zum Wohle der Menschheit weiterwirken
wolle. Und so kommt es auch heute noch zu uner-
klärlichen »Begegnungen« mit dem im Juni 2002 heilig gesprochenen Pater Pio...

geb., 136 Seiten, 16 s/w Abbildungen,
€ (D) 14,90 / SFr 25,80
ISBN 3-931723-12-7

Sieglinde Grommet

Karten für ein Göttliches Bewusstsein

Diese Affirmationskarten sind göttliche Botschaften, die Ihnen helfen, Ihr Leben neu zu gestalten.
Um Ihnen Anregungen für ein Leben voller Freude und Glück zu geben, wurden diese Karten entwickelt. Vergessen Sie nicht, Sie sind hier um glücklich zu sein. Freuen Sie sich über die göttlichen Botschaften, die Ihnen durch Engel vermittelt werden.

90 Karten, Format: 5,8 x 9 cm, mit Anleitung
€ (D) 17,90 / SFr 32,00
ISBN 3-931723-15-1

Lorna Todd

Im Lichtreich der Engel und Naturgeister

Kontakt und Kommunikation mit unseren unsichtbaren Helfern
Die bekannte britische Hellseherin Lorna Todd steht mit der unsichtbaren Welt der Tiere und Mineralien, der Devas von Bäumen und Blumen und mit den Engeln in ständiger Verbindung. Und jeder kann das lernen.

geb., 128 Seiten,
€ (D) 13,90 / SFr 24,20
ISBN 3-931723-07-0

Barbara Trapp-Hüngerle

Tage wie Perlen

Botschaften und Weisheiten aus der geistigen Welt
Wesen aus der unsichtbaren Welt schenken uns ihre Liebe und ihren Frieden und machen uns Mut. Weisheiten aus hoher geistiger Ebene werden zu Perlen eines jeden Tages.

geb., 112 Seiten,
€ (D) 9,90 / SFr 17,40
ISBN 3-931723-08-9

2. Auflage

Jürgen Grasmück / Angela Niels
Meine Schutzengel
**Himmlische Helfer, die immer
für mich da sind
Liebevolle Hilfe für den Alltag**

Ein engelhaftes Vergnügen für tausend Gelegenheiten, geeignet zum Autogenen Training, zur Meditation – oder auch nur, um Rat bei den Engeln zu holen für einen glücklichen und harmonischen Alltag.
Für Kinder ab 6 Jahren und für das Kind im Erwachsenen bis ...
55 Karten, Format: 5,8 x 9 cm,
mit 10-seitigem Schutzengelbrief-Leporello

€ (D) 15,90 / SFr 28,80
ISBN 3-931723-01-1

Heidrun Streit-Gallo
Engel der Leichtigkeit
€ (D) 14,90 / SFr 27,10 / ISBN 3-931723-11-9

Heidrun Streit-Gallo
Engel der Tierliebe
€ (D) 14,90 / SFr 27,10 / ISBN 3-931723-10-0

Bei Kindern darf heute das Abschalten und Entspannen nicht fehlen, um ein gesundes Heranwachsen zu ermöglichen.
Durch die vorliegenden geführten Meditationen lernt das Kind seine himmlischen Helfer kennen und durch die Begegnung mit seinem Engel kann das Kind himmlische Hilfen erfahren.
Unterstützt von einer wunderschönen beruhigenden Musik gleitet das Kind in die Entspannung, aus der es neue Kräfte schöpfen kann, um frisch und erholt seinen Alltag fortzusetzen oder sanft in den Schlaf und seine Träume überzugehen.

Jede CD enthält ein 4-farbiges Booklet
ca 40 Minuten Gesamtlaufzeit
1. Teil: geführte Engel-Meditation
und entspannende Musikuntermalung
2. Teil: Entspannungsmusik

Angela Niels / Maria Anna Schmitt

Schutzengel-Mandalas

32 himmlische Mandalas, die den
Alltag verzaubern
Malbuch, kart.,
Format: 24 x 26,5 cm
€ (D) 9,90 / SFr 17,40
ISBN 3-931723-02-X

Maria Anna Schmitt
Jürgen Grasmück

Mandalas aus 1001 Nacht

32 märchenhafte Mandalas aus der
Traumwelt des Orients
Malbuch, kart.,
Format: 24 x 26,5 cm
€ (D) 9,90 / SFr 17,40
ISBN 3-931723-04-6

Jürgen Grasmück / Maria Anna Schmitt

Elfenwelten-Mandalas

32 Mandalas zum Ausmalen mit Weis-
heiten zum Träumen und Glücklichsein
Malbuch, kart.,
Format: 24 x 26,5 cm
€ (D) 9,90 / SFr 17,40
ISBN 3-931723-03-8

Andrea Schacht / Maria Anna Schmitt

Feen und Naturgeister

Elfen- und Feengeschichten mit Bil-
dern zum Ausmalen
geb., 64 Seiten, 18 s/w-Abb.,
Format: 24 x 26,5 cm
€ (D) 12,90 / SFr 22,60
ISBN 3-931723-09-7

Bitte besuchen Sie uns im Internet.
Sie finden dort unser komplettes
Verlagsprogramm unter:

www.grasmueck-verlag.de

Wir freuen uns,
Sie auf unserer Info-Seite
begrüßen zu dürfen!